平衡身心的
正念启发书

把每个朴素的日子过成良辰

呼吸 Breathe *and make time for yourself*

⑨

小小仪式，让平凡成为独特

英国 Breathe 编辑部 | 编著　　舒祥 | 译

中信出版集团 | 北京

图书在版编目（CIP）数据

呼吸：小小仪式，让平凡成为独特 / 英国 Breathe
编辑部编著；舒祥译 . -- 北京：中信出版社, 2024.1
  ISBN 978-7-5217-6213-6

Ⅰ . ①呼… Ⅱ . ①英… ②舒… Ⅲ . ①心理学 Ⅳ .
① B84

中国国家版本馆 CIP 数据核字 (2023) 第 232463 号

呼吸——小小仪式，让平凡成为独特

编　著：英国 Breathe 编辑部
译　者：舒祥
出版发行：中信出版集团股份有限公司
　　　　（北京市朝阳区东三环北路 27 号嘉铭中心　邮编　100020）
承 印 者：北京尚唐印刷包装有限公司

开　　本：787mm×1092mm　1/16　　　印　张：11.5　　　字　数：200 千字
版　　次：2024 年 1 月第 1 版　　　　印　次：2024 年 1 月第 1 次印刷
书　　号：ISBN 978-7-5217-6213-6
定　　价：69.00 元

选题策划　心码文化
出 版 人　刘止语　曹萌瑶
中文主编　李松蔚
策划编辑　李晓彤　张若依
责任编辑　李晓彤
特约编辑　谢若冰
营销编辑　张牧苑　薛 枫
装帧设计　李 一

欢迎来到呼吸的世界！

————————

时光的河入海流，未曾想就来到了这一天，预期的目标都实现了吗？走到这里，站在"今天"，《呼吸》已经做到最好了吗？接下来又将如何发展？和任何走到人生中某个里程碑式的人一样，我们也有同样的希望和质疑。但每个人都是不同的（《呼吸》的老读者应该很熟悉这样的话了），同理，庆祝重大日子的方式也因人而异（如果选择庆祝）。

对于一些人来说，周年庆祝只是一种安静分享的喜悦（可能只有几段简洁的开场白和一些能体现出周年纪念特点的装饰）。对另一些人而言，这个日子是值得与亲朋好友大张旗鼓庆祝的，蛋糕精致、烛光摇曳、音乐喧嚣、美酒连杯。当然，还有介于两者之间的选择。

无论是否郑重以待，如里程碑一般的生日往往是一个反思总结的日子，回顾所有实现的抱负，错过的机遇，那些相识或走散的朋友，那些流过的泪、吃过的苦，那些跌倒后吸取的经验教训和重新站起来的勇气。岁月如梭，重新评估走过的数十年，有时会得出意想不到的结论。例如，已故的英国拉比和播音员莱昂内尔·布鲁曾说过："我惊讶地发现，我的 70 岁比我的 60 岁精彩，而我的 60 岁又远胜我的 50 岁，但我可不想回忆我的青春期和二十出头的日子。"

希望早期的《呼吸》不会受到如此严厉的评判！但可以肯定的是，无论是否庆祝《呼吸》所传达的重要信息——"予自我以时间"，一如既往，从未改变。

间蛙设计室（SpaceFrog Designs）是一个夫妻组合的设计团队。妻子凯瑟琳的核心设计理念源于她对大自然的热爱，她着迷于颜色、形状和质地之间繁复又和谐的关系，丈夫弗农则热衷于三维立体（3D）设计。

目录

WELLBEING
幸福

LIVING
生活

MINDFULNESS
正念

CREATIVITY
创造力

ESCAPE
逃离

在雪山与洗衣机之间

撰文 | **七堇年**

作家，户外爱好者，最新作品《横断浪途》

回家仪式过后，我脱下冲锋衣，换上睡衣，回到书桌前，在洗衣机轻轻嗫嚅的声音中，把这三年时间，三万里路，写进了《横断浪途》这本新书中。

滚筒洗衣机以一种近似吞咽的声音,在阳台嗫嚅着,它像一只敦厚的动物在耐心地进食;而我很喜欢蹲在它跟前,像凝视一只大狗那样,观察滚筒里的涡轮旋转。

因为经常出门户外旅行,我没法负责地养宠物。我没有宠物,"平替"即家电:冰箱像猫,高冷,不近生;洗衣机像狗狗,敦厚,靠谱;燃气灶像一对豚鼠,其中一个脾气还不是太好,需要以一种微妙的力道小心地扭转,否则会闹别扭;咖啡机像白鹡鸰;热水器像树懒,永远挂在那里不动;空调像北极熊;至于我的车,则像我的马,我照顾它,也像照顾一匹马。

在家电动物园中,我最喜欢洗衣机。家里有两台洗衣机,一台老式的涡轮洗衣机,专洗地巾、抹布,还有我的洞穴探险连体服——每次探洞归来,它们通常全是泥浆,被汗水浸湿,无法和正常衣物一起洗。当然,另一台是滚筒式,对付日常衣物。

每次徒步或登山归来,回家仪式是隆重而甜美的——冲锋衣、登山鞋全扒下来,拿出干净的毛巾,洗一次痛痛快快的热水澡,换上柔软的拖鞋、干净的睡衣;天呐,还有温暖平整的床——相信我,在刮着大风的寒冷潮湿的高山上,睡了五天帐篷,五天没洗澡没洗头,五天高反头疼腹泻,五天都吃融雪化水冲泡的袋装脱水食物后,没有比回家仪式更让人幸福的事了。

洗完澡，吹干了头发，穿上干净的睡衣，我会把自己整个人狠狠摔在床上，大叫一声：我已格式化了！

而回家仪式的第二天，便是大喜（洗）的日子：通常足足有两大缸，甚至三缸。一边把大堆的脏衣服喂给洗衣机，一边把行李和登山装备收纳归位；整理到腰酸背痛的时候，会从冰箱里拿出一颗苹果，咬着，溜达到阳台上休息，蹲在亲爱的洗衣机跟前，看它活儿干得怎么样了：滚筒造浪，泡沫旋转着，声音轻柔而恒定。

等我收完行李，通常也会听见洗衣机哼出一首小曲儿，宣告它的任务也完成了。我喜欢打开洗衣机晾晒衣物的时刻，把它们一件件抖开，撑好，晾晒……而过些天，到了收衣服的时候，感觉像是在从树上摘下熟透的果实：从晾衣杆杆上收下满满一抱干燥洁净的幸福，放回衣柜。

到了阴冷漫长的秋冬雨季，几大缸衣物实在晾不下的时候，我会选择烘干。我喜欢衣物烘干后的味道，每件衣物都暖烘烘香喷喷，像是一些能穿的饼干，刚从烤箱里端出来。

但我常想，上帝创造人类，人类创造洗衣机、冰箱、燃气灶、自来水、火车、飞机……让人从生活琐事中解脱，省下大量的时间与精力，一定不只是为了躺平刷手机吧。所以我一再从舒适便捷的生活中出发，驾驶着我的"小马"，走进自然与风，奔赴高山与雪。

如此反反复复进山、出山，活成了浪徒，漂在浪途：登山、攀岩、飞滑翔伞、探洞……每当在天高地厚之中扎营，单薄的帐篷在大雪与烈风的推搡中不断发出呻吟，漫漫长夜似乎无穷无尽。我切身体会到自身的渺小、脆弱、短暂，同时又感到无比自由、广阔、锐利，就像一只离群的兽。这种独特的体验已成为我的精神刚需。

没有对比就没有幸福：每当旅途归来，经历了身体上的极
致辛苦之后，家里的床、拖鞋、痛痛快快的热水澡，还有
亲爱的洗衣机，就显出它们沙漠甘泉般的珍贵。这种艰辛
与舒适的钟摆，也带来思考的摆荡。回家仪式过后，我
脱下冲锋衣，换上睡衣，回到书桌前，在洗衣机轻轻嗡
嗡的声音中，把这三年时间，三万里路，写进了《横断
浪途》这本新书中。

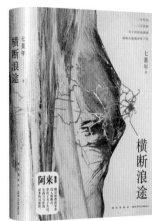

回想那些高山上的风雪，牧羊人的口哨，转经筒的旋转，
我总幻觉听到一个声音，它提醒我生活不只是冰箱与洗
衣机，不只是空调与汽车。尽管我喜欢它们，但我也同
样喜欢那个没有它们的世界：一个更野、更烈、更酷的自然世界。

在那里，人们用生活琐事雕刻时光，放牧，打水，种田，烧柴做饭，采摘松茸。他们转山，祈祷，
日日夜夜，像高山一样平静。在那里，没有洗衣机，没有冰箱，没有烘干机的香味，但我闻到了活
着本身的气息，生如蚁而美如神的气息。

七堇年的仪式感生活清单：

·Breathe·

1. 早餐过后，切上两片柠檬，泡以红茶，放书桌左边。

2. 浇花草，或给百合花换水，对它们祈祷愿今日顺利。

3. 弹一两首曲子，肖邦或德彪西。

4. 拉上窗帘，戴上消噪耳机，戴上防蓝光眼镜，打开电脑。

5. 背景音乐通常选窦唯的"不一样"乐队，单曲循环最多的是《文王观山》。

6. 开启一上午的写作。

散文集《横断浪途》记录过去三年，七堇年深入横断山脉，触摸地质、风景、文化、观念断层的旅
程。作者所期许的，并非满怀征服世界雄心与自信的19世纪式"壮游"，而是通过"旅行"走出
自我的洞穴，向生命经验边界之外探寻的尝试。（徐晨亮，《当代》杂志主编）

运动博主，运动 MCN 昂目 ON THE MOVE 创始人

无论是像他们一般的大演员，还是像我们一样的普通人，都可以在影像中记录一个又一个自己，它是流动的，会流向一个更有型的灵魂。

记录影像
是人最小单位的
仪式感

撰文 | **赵依侬**

最近我在北京电影学院进修导演专业，图片摄影课上老师展示了一张老照片《吃西红柿的一家人》——1980 年北京动物园里一家人并排看着围栏里的动物，几乎同步地用左手把新鲜的西红柿送到嘴里，右手都攥着另外一颗西红柿。

这张照片出自纪实摄影家李晓斌，他出版的影集《变革在中国》记录了 20 世纪 70~80 年代中国社会变革中的人。40 多年过去，西红柿不再是流行水果，北京也有了除了动物园之外的更多消遣去处。

PPT 上老师引用李晓斌的一句话——"摄影记录，是为了不给历史留下空白"击中了我。这正是我们这种没事儿就喜欢按下快门拍点什么的人内心深处的冲动。

快门是"记录快、遗忘慢"的第三只眼

2008 年 6 月，18 岁的我走出高考考场，收到妈妈递来的心心念念很久的粉红色索尼卡片相机。我在那个回忆中最心无旁骛、专注散漫的悠长暑假拍了很多漫无目的的瞬间。从此快门变成了我观察生活的第三只眼睛，它比我的双眼记录得快、遗忘得慢，更客观也更真切。

2023 年 9 月，33 岁的我重回校园学导演，肩上背着双肩包、兜里揣着饭卡，成为共享单车月卡用户，每天骑车横穿于北京朝阳与海淀的清晨和日暮。很多次捏闸停车，举起手机拍下形状各异的云彩和饱和度不一的渐变夕阳。

中间这 15 年，我的硬盘、网盘、社交媒体塞满了图片和视频影像，有的用于记录生活，有的用于发表展示，有的干脆尘封埋藏。

分享一个对自己有趣的观察，通常发表出来的都是"双眼"在当下更欣赏的——愉悦美好的、彰显自我的。而每次隔上几年无意间翻到那些被尘封的影像：人物表情不完美、风景构图有瑕疵，甚至主体失了焦。它们却像长了脚从屏幕中跳出来一样抓住我，它们就是被第三只眼捕捉到的瞬间，真实又鲜活。

"咔嚓"，带来快的满足，慢的回味。于是我愈加迷恋快门，每一次不假思索地按下它，天下无心外之物。

影像记录人的"色相"变化与灵魂生长

前段时间参加某社交媒体"我的十年变化"征文活动，我翻出 2013 年到 2023 年的照片，做了一个总结，标题取作《十年前的我，不会想到运动真的给了我自由》。令人意外的是，这条帖子两天之内吸引了 20 多万人浏览。

下面有一条高赞网友留言：看着像换了一个灵魂。运动真的好神奇。

想起表演理论课上老师对于好的演员评判标准中有一条：放弃对色相的执念。老师对比了包括姜文、蒋雯丽、唐国强、葛优在内的几位演员二十出头和中年后成熟期的照片。我感慨，原来他们在二十出头的时候也是鲜嫩、"扁平"的样子，脸上满是胶原蛋白，眼中透露出不谙世事的神情。二十出头的时候是"好看"，被时光打磨后的是"美"。两张照片中间，一个有形又无形的灵魂长成了。

当我正在心里问：灵魂是如何长成的呢？

老师说：不要再做过去的自己，才会脱胎换骨。

可不是！无论是像他们一般的大演员，还是像我们一样的普通人，都可以在影像中记录一个
又一个自己，它是流动的，会流向一个更有形的灵魂。记录影像是人最小单位的仪式感。桑
塔格说："相机所表现的现实，隐藏的必然比表现出来的多。"表现出来的影像成为个人生
活与时代历史的音符，而被隐藏的部分会成为观看者内心激起的乐章。

赵依侬的仪式感生活清单：

(好物)

胶片相机

《基督山伯爵》的故事告诉我们，人类全部的智慧蕴藏在五个字中："希望与等待"。

按下胶片相机快门的瞬间，我们就获得了一份希望与等待。在积累到第 35 次快门之前、胶卷被从相机里取出送往冲洗
店之前、曾经三维空间的光影再次通过二维图像显现在视网膜之前，希望与等待持续累积、加码。最终我们获得一次
与自我重逢的仪式感瞬间。

运动手表

知晓时间的流逝，使人类区别于其他生物而存在。为了乐趣而不是为了生存本能去活动身体是我们的"特权"。

运动手表可以让我们把时间、空间、有目的的消耗、无目的的玩乐都装进一个两厘米见方的小工具里，佩戴在手腕上。
从此抬腕的瞬间，遇见时间流逝，也遇见自己的此时此刻。

(空间)

书店

曾和一个也在做内容创业的前同事闲聊：当灵感枯竭你会如何自救？

我们两个人几乎同时说出：逛书店。

当我不带着目的，只带着愚钝的大脑走进书店，掠过一排排书架，让一串串文字符号穿过我的身体，一些变化在内部发
生。就像春寒料峭之时从枯树枝上钻出来的新芽，脆弱、娇嫩又珍贵。

(事件)

买下机票的瞬间

每次买下机票的瞬间就是给后面一段人生时光的切割术。如果没有这个动作，时间总是在生活中线性平铺。

读到阿兰·德波顿《旅行的艺术》中"新的观点往往也产生于陌生的所在。飞机迅疾的上升是实现人生转机的极佳象
征"这句时，我正坐在飞往丽江开启哈巴雪山拍摄之旅的飞机上。

噢，我有过难忘的时刻。
如果我能够重来一次，
我会要更多这样的时刻。
事实上，我不需要别的什么，
仅仅是时刻，一个接着一个。
而不是每天都操心着
以后的漫长日子。
——纳丁·斯特尔《我会采更多的雏菊》

锚定一个个时刻

撰文 | 简里里

简单心理创始人兼首席执行官

我的生活一直以来最缺乏的就是仪式感，直到有了孩子。从前我不过生日、不过纪念日，做任何事情都单刀直入，所有的仪式都让我感到着急——我们为什么不直入重点呢？但当我做了妈妈之后，和孩子有关的每一个节日我都为她准备。她的百天、她的生日、六一儿童节，甚至最近的万圣节——我居然给家里买了南瓜灯、蜘蛛网，给她买了幼儿的扮鬼装束，报名参加家附近社区的活动。我为她做蛋糕，给她拍照，为她做日常的记录。

我在为她准备各种仪式的时候，我常感到这不是我擅长和熟悉的工作，我羡慕那些特别有生活情趣的邻居和朋友——他们看起来如此地轻车熟路，而我需要学习和付出努力。但我很想要这么做。

当妈妈之后，我才开始觉得时间过得这样迅速。我还觉得女儿是个怀抱中的小婴儿时，她已经开始跑了。似乎是有了这些日常生活中多出来的仪式，我才能够在呼啸而过的时间中锚定一个个我每分钟都舍不得的时刻。

旅行是对生活的犒赏

文/图｜**蔡丸子**

对于这场全世界独一无二的野花秀，我是充满期待的，因为我是为它而来！

我喜欢旅行，远方于我有无声而强大的召唤，于是我把旅行作为对自己生活的一种奖赏、一种鼓励。每年我会用若干次旅行来犒劳自己，无论是长途旅行还是短途旅行，走出家门的旅行就是一场感受不同背景的仪式。

前不久我去西澳大利亚州旅行，也深深感受到了那里人们的仪式感。西澳大利亚州是占澳大利亚国土面积 1/3 的州，首府珀斯，位于澳大利亚西南角的天鹅河畔，因为与其他大城市相距甚远，被誉为"世界上最孤独的城市"，因为遥远，很多澳大利亚人也没有去过西澳大利亚州。然而这里的居民甚至这里的花鸟虫鱼怡然自得，并不缺少仪式感！

西澳大利亚州的人为盛开的野花举办隆重的活动，各地根据节令都有自己的野花节。这里的每一朵金合欢也都拥有自己的节日，每年 9 月 1 日就是澳大利亚的国家金合欢日（National Wattle Day）。西澳大利亚州生长着 12 000 多种自由的野花，60% 为西澳大利亚州独有。每年的春天从八九月开始，野花从北到南一路盛开。西澳大利亚州的人在世界最大的城市

花园旅行家、园艺作家、热爱花园的生活家。著有《我的世界就是一座花园》，译有《作家的花园》《DK 花园设计百科全书》等十本作品

公园之一——珀斯的国王公园——为它们的开放准备了专门的欢迎仪式：国王公园野花节（Everlasting Kings Park Festival）！虽然不巧我们到达珀斯时野花节已经落下帷幕，但这场自然的盛宴还在继续，一路南下并且变幻着色彩和姿态。

对于这场全世界独一无二的野花秀，我是充满期待的，因为我是为它而来！到达西澳大利亚州之前，我查阅了很多资料，通过图片似乎已经很了解这里的自然盛况。但当我真的身临其境，面对浩瀚的印度洋和南大洋，全身心沉浸在扑面而来的各种蓝色之中，内心充盈着不一样的震撼和感动。

这一天我们去往角对角山道（Cape to Cape Track），它曾经出现在《呼吸：天真是一种能力》的《通往天堂的7条徒步路线》一篇中，没想到我们这么快就真的来到这条幻境之路。沿着开满蓝色勿忘我的沙滩，进入银色的灌丛迷迭香步道，又钻进了白千层的奇幻树林、越过细腻的沙丘……

虽然前方无人等候，但一直有向导引领我们一路前行，她来自当地的一家叫作"步入奢华"（Walk into Luxury）的徒步机构，是一位上了年纪的女士，名叫埃莉莎。一路上她独自背着一个大大的包走在前面，我们则紧跟其步伐；中途大家进入了一处荫凉的树林，没走多远她指着一棵树根鳞次栉比、树干苍虬古老的树对我们说：这是一棵哈利·波特树，我们就在这里小憩一下吧！接着她打开背包，熟练地从包里取出了茶杯、一个装满热水的水壶，还有巧克力、坚果和蛋糕，

哇！大家看着她瞬间就泡出了热乎乎的红茶、端上了甜点，郑重地摆在了横生的枝干上！银色的阳光就这样斑驳地洒落在树枝上，匆匆的徒步中还能在天地和山海之间享用这样一席特别的下午茶，大家都觉得又吃惊又幸福。背后是杂树生花的丛林，前方则是卷出翡翠般浪涛的湛蓝海洋，不时你会看到有座头鲸悠闲地浮出水面，我们坐在树下，真希望时光定格在那一刻。

角对角山道从博物学家角到澳大利亚最西南端的卢因角，全程135公里，因为时间关系我们只是浅浅地走了其中很短的一段，却深深地体验到了在西澳大利亚州徒步的魅力。徒步结束，埃莉莎又从背包中取出了一盒湿毛巾，递给我们擦汗，毛巾是她用新鲜薄荷水泡过并一路冰镇着带过来的，带着沁心的清凉，大家又一次被她的结束仪式感动了，原来西澳大利亚州荒野徒步也可以做到如此的"奢华"！

两重天

撰文 | 张二冬

著有散文集《借山而居》《鹅鹅鹅》
《山居七年》，现居西安

有时候是境由心生，
有时候是心随境转。

距离我院子一百多米的小路上，有一棵倾斜侧卧的大树，每次进出路过，都必须半弓着身子，佝偻通过。收拾房子的时候，工人就提议要把这棵大树砍掉，被我阻止了，我说这多好，既然我每次进出都要弯腰过，说明任何人从此进出都得弯腰过。

当时他们肯定想：这不废话吗。其实我后面还有很多可以解释的，但只是听起来太玄了，就没再继续解释，反正给我干活的工人早就已经不再企图理解我了。

从现实层面来说，这棵造成进出不便的大树，横斜在必经之路上，确实是个障碍，这人人都能看得见，只是我赋予这个障碍一层观念后，这个障碍在我的视角里才变得有价值，这一层是我的仪式感，只在我内心显现——任何人从此进入，都得弯腰过，我叫它"龙俯首"。

我对我新院子的一草一木也赋予了这种观念，"观念"有意识的地方在于，当内心开始接受一种定义，现实就会被定义的逻辑牵引。比如刚收拾房子的时候，我在废墟中看到个牌子，上面写着"两重天"，应该是之前庙里留下的（很久以前，这一带应该是有个寺院，院子里遗落着不少寺院物件），我查了下"两重天"的意思，有说是佛国和世俗的交界，圣凡两重天；也有说是万物生的后天世界和万物未生之前的先天世界，虚实两重天，总之是个交界点。我当时就觉得很有意思，便决定刻个"两重天"的牌子，作为新院子的名字。

命名的本质是下定义，让逻辑导向唯一轨迹，仪式的本质则更多的是心理暗示，就像给房子大扫除，每天都可以大扫除，但除夕之前的大扫除，就会有"辞旧迎新"的耐心和喜悦。带着对"两重天"的理解，我每次从山下回到自己院子，都会有进入另一个空间的错觉，像个结界。

除了命名，我每年都会在院子里种几株玉米当绿植，因为玉米不只可以作为线条存在，还能在九到十月干枯时给人一种秋意萧萧的意象，而且风一吹，枯干的叶子会发出咯吱咯吱的声响，可以让人在晒太阳时躺得更舒适。我很不喜欢造园时用那些四季常绿的温室植物，不同的季节应当有不同的意象，所以为了让季节变化更明显，让春发秋黄的意象更直接，我在院子里移栽了很多四季分明的野生植物，像狼尾草、黄栌等，野气十足。

空间是人内心的造化，是造境的艺术，有时候是境由心生，有时候是心随境转。而境的产生有两种：一种是主观赋予的，像命名；一种是环境给的，来自空间本身的景观、结构。一个精心"设计"的空间，某种程度上就是一个由各种小型"仪式感"组合后营造出的空间。至少我院子里，每一棵植物都有它的目的，朋友说到我院子都不敢给我拔草，因为不确定哪些草是该拔的哪些是我有意留的。就在昨天邻居老刘来我家串门，还把我水池边的小板凳给收屋里了，说不能长期放外边，下雨会淋坏了。我心想，那可不是普通的凳子，那是我专门放在水池边，用来看鱼游水的，那个凳子只要放在那里，就有一个人坐着观鱼的影子。

二冬的仪式感生活清单:

· Breathe ·

---

1. 由于各处光照时间的不同，我给自己买了好几把躺椅，分几处长期放着，门口挑台看日落的一把、院内凉棚乘凉的一把，秋冬晒太阳的一把。

2. 工作室里隔了个小暗室，盘了个迷你炕，盘之前想的是偶尔打打坐，后来发现，就只是"想"了，坐不住。

3. 自由很考验人，我总是拖延，每次写作之前都会给足仪式感，要晴天，要心情舒畅，不能太冷也不能太热，要点支香，或者抽一支烟。

4. 种了棵石榴树，但结果儿后不舍得吃，觉得挂在树上的意象更好看，作为精神食粮，审美更重要。

5. 从来不扫雪，让雪自己融化。

6. 会摘些蔬菜类果实当清供摆件，主要是增添色彩。

STUDIO QI 建筑事务所创始建筑师、100 位可持续发展世界杰出女性、中国美术学院建筑系客座教授、松赞系列精品酒店首席建筑师

戚山山的仪式感生活清单

1. 整理书架，是一个阳光明媚的下午的必修课。我把书房设置在朝西向的大房间，温暖的阳光充盈着整个房间，填满整个漫长的午后时光。书的排列是有仪式感的，按类别、作者、系列、关联性、与书柜的立面关系排列。经常进书，经常理书。找一个阳光明媚的下午，打开窗，整理书。这时，可以点一支香。理书这件事情，是我日常生活中的一个仪式；点香这个动作，成为我理书时的一个仪式。

2. 把所有装置艺术品开关打开，让它们狂欢。

3. 我爱摆摊儿。我把咖啡杯列队摆摊儿，然后再把所有的小动物摆摊儿，放进一个个咖啡杯里。时不时会调整队形。这是我的小动作。

· Breathe ·

珍贵的习惯

撰文 | **戚山山**

日常的仪式感，是每天向往的最舒心的时刻，是心灵家园。

朋友的结婚纪念日马上就要到了，我们恰巧聊到了仪式感。

我说，我也有越来越多属于自己的生活行为，比如自己独有的一套整理书架的方式，整理完后身心愉悦。她说，这还不构成"仪式"，仪式是在整理书柜之前，先点支"香"。仪式，是与这件事本身不产生直接关联性的，仪式感就是"装饰"。她说："结婚可以没有婚礼，婚礼是结婚的装饰。但这么多年下来，我开始在结婚纪念日，给自己买个小礼物，有几年也忘了买了，这几年又恢复了，给自己一点仪式感。"

朋友走后，我开始罗列自己的那一点儿带有仪式感的举动与发明。对于我而言，仪式感不能是装饰。但凡装饰了，我也就觉得过了，这个举动也就不成立了。那种装饰性的仪式感，我基本不太需要。

细想一下，自己称得上仪式感的，几乎都是自然而然形成的某种生活习惯。仪式感是属于自己特有的习惯，是珍贵的习惯，是能够把自己从忙碌生活中解救出来的习惯。

马桶学

撰文 | **刘添祺**

导演，编剧，演员。戏剧作品《GOODBYE》三部曲，《戏剧新生活》戏剧人

这成了我们爷孙俩的一种私密的小仪式，直到今天，我去厕所还会用手机搜一些生僻的字学习。

在我很小的时候，学过一个字，学完之后，到现在我也没用过，也没有见别人用过。

小时候，早上上学之前，不管肚子有没有感觉，都要在马桶上坐一会儿，因为我很怕上课的时候想上厕所，当众告诉老师要去厕所的事情令我非常害羞。我把这个事情告诉了爷爷，爷爷就给我培养出了这个"蹲马桶"的习惯。

有一次，正在我蹲马桶的时候，爷爷敲敲门，进来了，他手里拿着粉笔，回身在门上写了一个字。爷爷家的门是老旧的木头门，用粉笔在上面写字的时候会感觉很舒服，粉笔和门摩擦出来的声音也很悦耳。小时候我常用粉笔在门上画画。

爷爷一回身，他身后刚刚写出的字露了出来，不知道是当时我太矮，还是马桶太高，每次坐在马桶上面的时候我的脚都踩不到地面，我伸直了脑袋去看爷爷写的是什么，身子一晃悠，差点从马桶上掉下来，我俩就这样面对面笑了半天。

我跟爷爷在一起时常常大笑，他一笑我就笑，我一笑他就笑，有时候笑得肚子疼。我已经太久没有笑到肚子疼了。

我俩都擦擦眼角的泪，爷爷用粉笔点了点门上写的那个字，这个字是由两个字组成的，分开我都认得，合在一起我不认得。爷爷看着我，他用手指了指我屁股下面的马桶，我马上闭起眼睛。

爷爷有一个习惯，他总是让我猜，很多事情都让我猜。

"你猜猜今天我们要去哪儿？"

"你猜猜我给你买了什么？"

"你猜猜我们晚上做什么饭？"

"你猜猜这是干什么用的？"

等我再长大一点，他有时候就不说话了，会做一些手势来让我猜，就像当时他用粉笔点点门上的字，又指了指我屁股下面的马桶。爷爷告诉我，所有的事情在经历了猜想之后才会变得有感情，才会属于你。

我紧闭着眼睛，用力猜着爷爷的意思，我的手慢慢攥拳。肚子跟脑子一起使劲。我记得当时猜了几个字，今天已经记不得我当时猜的都是些什么，但我一直记得爷爷等待我猜出那个正确答案的眼神，他的眼睛很小，跟我一样。

从那天开始，每天早上上厕所，爷爷都会教我一个字，我在厕所里学到的字，比在学校学的还要多。

这成了我们爷孙俩一种私密的小仪式，直到今天，我去厕所还会用手机搜一些生僻的字学习。

我跟爷爷有很多这样的小仪式，小时候快到我生日的时候，爷爷会在门上写倒计天数，爷爷说，期待的快乐也需要慢慢品尝。每次有一些好事情发生的时候，爷爷会跟我在他的后院种点东西，有草莓、有葫芦、有银杏树、有丝瓜。爷爷的院子被我俩种得满满的。北京申奥成功的时候我记得当时种的是一棵小桃树。

仪式感，在我的理解是：在那一刻，你真诚地去纪念了。

正如当时，爷爷说那个字念"屙"（é），我们俩又大笑起来。

仪式不仅是连续或间断的节奏，凝聚而引导的力量，真实在场的共享，至关重要的是，它注定要唤醒每个人的自我，使人直面人生和世界，承担起自己生命的责任。

仪式与仪式感：
从过渡到启悟

撰文 | **姜宇辉**

华东师范大学哲学系教授，
《新哲人》中文版主编

伴随着韩裔德国当红哲人韩炳哲《仪式的消失》的出版，"仪式"这个看似古旧而过时的概念再度走红。其实，仪式不仅是社会层面上的一个重要现象，也是我们每个人日常生活中的一个关键环节。环视身边，几乎无时无处不在发生着、进行着各种各样的仪式。大至国庆典礼、世界杯足球赛，小至订婚、入职等，都是仪式，都是不同形态和意味的仪式。甚至仅仅是迎接一只小猫来到你的家中，也可以算得上是一种值得纪念的仪式。

这里我首先就想到了戴扬（Dayan）和卡茨（Katz）最早提出的"媒介事件"（media event）这个说法，虽然它主要还是针对大众媒体上发生的事件，但其中所揭示的几个重要特征颇适合用来说明仪式的本质。

仪式，标志着一个全新生命阶段的开端

首先，跟很多重大的媒介事件一样，仪式所带来的是日复一日、连续的生活节奏和模式的中断。仪式起始之时，就意味着你得停下手边的工作，中止熟悉的步调，进入一个关键的事件和时刻之中。从今天起，你就是个少先队员了。从今天起，你就是我们家庭的一员了。从现在起，你就将和面前的这个人相伴终生了……

仪式，标志着一个全新的生命阶段的开端，从那个时刻开始，你的人生注定将发生明显的变化和转折。正是在这个意义上，法国著名人类学家阿诺尔德·范·热内普（Arnold van Gennep）才会提出影响深远的"过渡礼仪"（rite of passage）这个说法。过渡，其实既是中断，又是连续。它中断了之前的人生节奏，但同时又开启了随后的新篇章。而人生，难道本来不就该是一幕幕跌宕起伏的戏剧，而不只是每天朝九晚五、柴米油盐的平淡而平凡？

因此看来，仪式不只是社会学家和人类学家才会关注的主题，它是我们每个人都注定要去书写的生命诗篇。平常我们经常会说，"人生由此翻开了新的一页"，这正是油然而生的仪式感。

给繁忙而零碎的生活提供一个焦点

由此也就涉及仪式的第二个重要特征，那正是中心化与凝聚力。日常生活之所以往往会令人倍感倦怠乃至无聊，除了平淡和重复之外，还有琐屑和碎片化。每天做同样的工作、吃同样的饭菜固然乏味，但整日被各种力量牵着鼻子走，没个中心地到处瞎忙，这同样不是什么快乐的体验。仪式，恰好给繁忙而零碎的生活提供了一个极为重要的焦点和中心。

今天，你经过多年的苦读和拼搏，终于进入了心仪的大学。四年后，你准备好要开启自己的事业，或进入更高的学府深造。我们看到，仪式不只是中断或连续的诗篇，更不断为人生提供持续往前的目标和指引。人生没有远大的目标是令人惋惜的，但只是让远大目标停留在空想和幻想中，同样是一个明显的缺陷。仪式，作为有着明确步骤和细节的人生践行，就很好地将那些"大"理想一步步落实到"小"事件之中，引导着你的步伐，规划着你的节奏，贯穿起那些看似零星的人生片段，让它们形成合力和凝聚力，由此才能谱写出一首首动人而又完整的乐曲和诗篇。

迷人的在场感

正是因此，很多媒介事件所具有的"现场性"（live）也就同样可以、理应被视作仪式的普遍特征。我们喜欢看直播，不仅因为主播漂亮、折扣力度大，其实更重要的是，我们是面对活生生的人，是

在积极主动地沟通、参与、介入，是同时和很多人汇聚在一起共同促成一个或大或小的事件。

实际上，大部分仪式也是如此。它们之所以能够给我们的人生提供一个节奏和指向，很关键的一点正是那一次次令人印象深刻乃至刻骨铭心的事件。比如，生日虽然年年都过，好像随着年龄的增长，新鲜感也逐年降低，但无论怎样，在那个由关灯、吹蜡烛、一起唱生日歌、默默许愿等所构成的一系列看似重复而无趣的步骤之中，仍然有一个最为独特而强烈的仪式感在凝聚、生成，那正是浓浓的在场体验和一起分享的氛围。仪式，其实往往并不需要怎样铺张的排场，怎样豪奢的花销，可能只需要二三家人

和知己，两瓶啤酒，一个蛋糕，几支蜡烛，大家围坐在一起，就可以形成一个神秘但又真实的"魔圈"。它在平淡而重复的生活之外轻而易举但又无比神奇地瞬间缔造出一个独立、自足的美好世界，其中所有人的心灵彼此激荡，每个人的灵魂相互交融。这就是仪式的奇迹，这就是仪式所能营造出的最为动人和迷人的在场感、参与性的体验。

自我的唤醒与生命的自由

这里也就引出日常生活中的仪式和那些重大的媒介事件之间的一个关键差异，那正是感受和体验这个维度。确实，大部分媒介事件都会将真实的在场感，庞大人群的共享式参与作为宗旨和要义，但很多时候，大家聚集在一起，也只不过是凑个热闹而已。在喧哗与躁动之中，真正有多少心灵的感动，有多少彼此的共鸣？但日常的仪式就不同了，或许它的细节并不复杂，参与人数也寥寥无几，甚至往往根本没有、无须动用怎样高科技的直播设备，但它所带来的体验却是更为深刻、深沉、深厚的。这也是为何我在标题里面用了另外一个词"启悟"（initiation）来阐释仪式与仪式感。

启悟这个概念来自伊利亚德（Mircea Eliade），看起来跟"过渡礼仪"有很多相通之处，但体验这个要点确实是它所要突出的独特意蕴。所以在《形象与象征》这部名作之中，伊利亚德开篇就点出了启悟的三个要点，而无论是"极端的断裂"，还是"出生入死"的彻底转变，最后其实皆归于贯穿"整个生命"的根本体验。由此不妨总结说，仪式不

仅是连续或间断的节奏，凝聚而引导的力量，真实在场的共享，至关重要的是，它注定要唤醒每个人的自我，使人直面人生和世界，承担起自己生命的责任。

从生命体验出发，跟身边的人一起去探索

讲到这里，大家应该对仪式有了相对深入的了解了。但肯定还有一个疑惑有待解答：那为何韩炳哲要刻意使用"仪式的消失"这个颇为令人费解的标题呢？仪式真的消失了吗？我们每个人难道不还是在生活和工作之中面对着、准备着、进行着、完成着各种各样的仪式吗？社会和国家不也每天在各种媒体上展演着各种规模和形态的仪式事件吗？

这些问题的答案，远远超过了一篇简短导言的范围。但在这里，至少可以为韩炳哲进行辩护的一个理由在于，他或许不无深刻地击中了当下数字社会的一个典型的精神症候——数字化的浪潮正在令仪式逐渐变味、变质，甚至慢慢消失。而症结正在于间断性和否定性的消失。数字的空间是平滑的，数字的网络是交织的，数字的生活是连续不断的，在其中，仪式的那种过渡性的转变和启悟式的体验正在面临巨大的挑战和危机。当仪式变成了操作，操作变成了算法，算法变成了治理，而治理操控着整个世界之时，人生的节奏和步调真的还掌握在我们每个人的手中吗？生命的凝聚力、分享力和感动力真的还能够在那些数字化身和面具之下真实流动和传递吗？我们有理由和韩炳哲一样去质疑、去发问，但我们更应该从自己的生命体验出发，与身边的人一起去探索，去创造，去参与。

因为我们就是世界，而仪式是世界之为世界的关键环节。

姜宇辉的仪式感生活清单：

~ᛉ~
· Breathe ·

---

1. 每天接女儿放学回家。

2. 每天晚上和家人坐在一起吃晚饭。

3. 去每个地方旅游的时候，一定要买一个当地的杯子当纪念品，然后放在书架的显著位置。

4. 每天早上，在固定的时间，坐在固定的位子和角度，打开电脑，开始写作和思考。

5. 在 Steam 上面等待下一部游戏大作的发行。

6. 睡前翻看中国古代山水画。

以此类推……

>> 呼吸 moment

小小仪式，让平凡成为独特

《小王子》中的智者狐狸，有一段关于仪式感的洞见："它使某一天与其他日子不同，使某一时刻与其他时刻不同。"

它其实也让每一个人的生活，成为"不一样的烟火"——它是我们私人生活珍贵之处的指认与发明。

比如：在立夏当天领养一盆茉莉，以庆祝夏天的如约而至；和一棵大树热烈拥抱，才算完成一次完整的夜跑；每年某日总在某个街角拍照，以纪念此处起源的爱情……

这些小小的仪式，
能让我们作为一个人鲜活地存在，
能让平凡的日子发光，
能在时间里刻下印记，
能让所有的热爱都意义非凡，
让我们在并不短暂，
但迅捷的一生中活出生命的诗意。

本期《呼吸》主题征集得到了读者朋友热情反馈，从中我们能看见一个个"独特的烟火"，相信也会有人让您心有戚戚焉。

1 异地恋的每一次短暂相聚，必有他接机时的一束玫瑰花。我相信这就是爱情的模样。

📍北京
@ 每天与学生们斗智斗勇的老师大宝安

2 春分的夜里去夜奔。春天是万物萌发的季节，我和朋友们会带着酒和茶去欣赏夜樱。大家盖着毯子坐在樱花树下聊天喝酒，是无比惬意和放松的一刻。

📍杭州
@ 在杭州过秋天的 Ningyi

3 每天入睡前准备洗漱时候打开收音机算不算呢？不知道有没有和我一样坚持听收音机二十年以上的"90后"了。小时候会在被窝里听着听着就睡着，现在一个人一边洗漱听着水流声，一边听着收音机里熟悉的声音，然后慢慢入睡，轻轻一按又是一夜。

📍 北京

@ 喜欢阅读、写作、爬雪山、骑自行车的李仙人儿

《抱树》插画：小莲子

4 2014 年夏，和闺密在江南水乡游玩，在一家以明信片为主题的文具店内，看到了整整一面墙的卡片和游客分享的旅行故事，那些手写字迹带有的温度，见字如面，古朴又有韵味，心动了。于是，我将旅途中的所见所闻，通过一张小小的卡片分享给家人。此后，我便痴迷于到书店或是邮局买一套所到城市的特色明信片，或邮寄至家，或赠予朋友，也曾收到过好友在旅途中邮寄的精致卡片，这些卡片带着另一座城市的温度和美好祝福，跋涉万水千山到自己身边，想想都很幸福。

📍青岛
@ 梦想开一家书店的梦雅小阔爱

---

5 每年三月初春，万物生长，我们会采摘或者购买新鲜的梅子，清洗干净，放入玻璃罐，装到约 2/3 位置，撒上冰糖到约 1/3 位置，再倒入白醋浸没梅子。把玻璃罐放置在阴凉的角落里静静等待，约两个月后开启，就有了新鲜的梅子醋。梅子醋可以入凉拌菜，也可以泡水喝。因为女儿是三月初一出生的，所以我们一般选择从这一天开始准备，4 月底是公公的生日，所以选择那天开启罐子尝味。自 2021 年起，这项仪式已经由初中生女儿开始传承操作，是我们家里最重要的仪式感！

📍上海
@ 常常在海边发呆的、爱看电影的米霓

---

6 每天下班回家之后先去洗个澡！在劳累的白天工作和属于自己的、放松的晚上之间，画上分割线。这样就可以又精力满满地去做各种好玩的事情，比如，看一部一直想看却没时间看的电影、就着一碗水果看绘本，避免回到家就瘫在沙发上不停看手机，得不到真正的休息。

📍上海
@ 在沪漂泊的幼稚小蝴蝶

7 每天早晨起来，当孩子上学以后，我会亲手磨一杯咖啡，这是我新一天的仪式感。每天睡前，我会泡一杯晚安茶，翻翻书让自己平静下来，这是我的睡前仪式。与时间为伴的感觉很重要，这也是我每一天内心踏实的体验。

📍杭州
@ 在杭州喝茶的 Lynn

8 很喜欢进山，更喜欢一个人坐在无人的森林里、坐在微风拂面的山顶、坐在辽阔的海边悬崖之上，一边观察着自然，一边给未来的自己写一封信。偶尔也会躺在一块巨大的山石上，什么也不做。这种仪式感无关其他任何人，只与自己当下的感受相关。

📍 北京

@ 冬雪

9 每天早上，洗漱完毕后，我都会坐在书桌前写下一天的日程，并且用不同颜色的笔写下不同的事项。对我来说，这是很重要的仪式感，象征着一天的开始。当我写下每天事项的时候，我也在梳理自己。晚上有空的时候，我也会记录当天的心情以及总结，这象征着一天的结束。

📍 广州

@ 腹黑女王

10 每晚睡前要把家里地板擦干净，再喷一下空气香氛，让自己第二天醒来也能活力满满。居家办公时，会画个眉毛涂个口红，假装自己在公共场所办公，保持状态在线。虽然很老套，但现在每到一个地方旅行还是会收集冰箱贴，以至于后来朋友出门旅行也会想着带冰箱贴给我。自己用数码相机拍的照片，调色的时候一定要顺手加点颗粒。致敬胶片时代！

📍 廊坊

@ 喜欢拍照的码字人 Liukin

11 每天去海边公园晨跑 4 公里，然后我会闻着青草、花香和阳光的味道，沿着公园小道慢慢走，顺便拍下路边各种小花、小草和绿叶。回到家中，全身拉伸之后，冲一杯咖啡，开始画一幅我今天最迫切想画的花朵。是的，我是一位自由插画师。跑步和画花，让我有勇气慢下来，当我精神专注、内心安静，世界变得澄澈清晰，细微如草地在顺着光和逆着光时散发的不同色泽，都能一一觉察，由衷喜悦。

📍 厦门

@ 自由插画师 Oaixping

插画：Oaixping

12 仪式感于我而言似乎是某种获得小确幸的久而久之的习惯。美好的清晨的水煮流心蛋、工作室开工前的一杯薄荷水、出门露营全部收拾折腾完之后一定会有的"点灯仪式"（把煤油灯点上，才觉得自己出门露营了）……如此种种，亦是一种反复明确的实践，乐此不疲。

📍杭州
大山和弦的七柒

---

13 疫情之后每年春节回家都会拍一个过年 vlog（视频记录），记录一家人开开心心准备的年货，记录大门口贴的福字和春联，记录妈妈辛苦准备的一桌年夜饭，记录爸爸点燃的天空中绽放的烟花。想用无数个除旧迎新的瞬间不断提醒自己，天灾人祸无情，但只要还活着，就要努力过得幸福！

📍贵阳
@ *胡星到*

供图：七柒

---

14 送儿子去幼儿园，一路上跑着、抱着、看着、目送着，最后拉在身边，和他说着每天都要嘱咐的三件事: have fun, eat a lot, stay safe（玩得开心，多吃点儿，注意安全）。这可能是作为父亲，对他这段日子，乃至今后全部的祝福与期待。这个仪式感，其实是不成文的一份安心，安他小小的心，也安自己远远的心，仿佛这样嘱托过，孩子就能带着我的祝福和期盼，踏踏实实地、开开心心地度过每一天。

📍昆明
@ *在昆明旅居中的 lins*

---

15 每天早上到单位的第一件事是打开漂亮的带锁日记本，亲手写下几行文字，让心情和思绪缓缓流淌。这个小小的仪式，让我的每一天都很鲜活，有了自己的生命力。

📍延边
@ *出淤泥而不染的心理老师紫荷*

16 日子总是重复的，而我喜欢用独属自己的小小习惯给自己创造一些不一样的风景与回忆。大学时，总喜欢在期末考试的早上买一瓶雀巢咖啡和一包摩卡巧克力味道的 Q 蒂蛋糕当作早餐，这个习惯持续到了大学毕业找工作，顺利通过重要的择业考试之后这个习惯就神奇地消失了；工作后，经常出差，每次乘坐国际航班可以进出免税店时，我有了给自己买一瓶香水的新爱好，就这样慢慢积攒起了一整个床头柜的美丽瓶子和伴随着那些异域回忆的芬芳气息；长大后，遇到了自己的先生，我选择了立夏作为我们婚礼的日子，先生很郑重地在请柬上写下"立夏之约"，朋友们都说这十分浪漫……仪式感是自己给自己的礼物，就像二十四节气的更迭，就像四季的流转，让平凡的生活不时泛起美丽的涟漪，让记忆仓库有了特别的小小钥匙。

📍武汉
@ 坐在办公室喜欢下雨天的小汤圆

---

17 在湿地周边写生、拍照，把获得的灵感转换成绘画作品。

📍杭州
@ 在湿地画画的花花

18 我会在每个店面休息日给自己安排一次特别的体验，city walk（城市漫步），吃一顿火锅，诸如此类。总之，就是让自己认真感受一次生活。

📍遂宁
@ 在五线城市开书店的吾心

19 我的生活，每天都会有一个小小的仪式感时刻：午后在露台上泡一壶茶——有时候是桂圆红茶，有时候是雪梨陈皮老白茶，有时候则是简单的玫瑰花茶。当傍晚的阳光洒进来，我喝着喜爱的茶，看着周围生机勃勃的植物，随手翻阅一本书，此时的心境充盈而安然。我特别享受这样的美好时刻，身体是轻松愉悦的，灵魂是从容自在的。

📍杭州
@ 热爱喝茶和养花的自由作家三金

---

20 在收藏精致有趣的展览／美术馆票根，以及喜爱的电影票甚至旅行的飞机票，将它们储存在饼干盒子里，每次打开都是满满的美好回忆。
洗完澡在发梢上涂抹一点玫瑰味道的护发精油，让夜晚睡眠变得更舒心香甜。

📍北京
@ 新媒体编辑／自由摄影师 维尼酱

21 每日开始工作前，冲好一杯咖啡，做 10 分钟冥想，然后再开始工作。

过年一定会拉着家人一起重温一遍周星驰的《家有喜事》电影，总觉得这样才算是过年了。

每日睡前会和丈夫关掉手机，聊聊一天发生的趣事，互相按摩放松 5 分钟，我觉得这个对亲密关系很有用。

📍广州
@ 秋葵

---

22 从前年开始，我在新年的第一天，就到沙滩上写下对当年的期待。

2022 年第一天写的是"Happy 2022"，终于把孩子养大了，一岁多了，我也算真正走出了产后焦虑，所以对 2022 年的期待是开开心心，焦虑越来越少。到年底时，我果真如此。

供图：叶子

2023 年第一天写的是"Fantastic 2023"。经过 2022 一年的回归自我，我对 2023 年的希望是过得更加有勇气、有更多突破。

当一年结束，我就继续换个下一年的中心词，不念过往，就像沙滩上的痕迹很快就会被潮水冲没，也不着急着设计太远的未来，而专注在当下的这一年，这一月，这一周，这一天，这一刻。

这一刻，我感受身体的一呼一吸。

这一天，我以冥想拜日开启新的一天。

这一周，我以周复盘和上一周告别，以周计划开启新一周；周末带上孩子到江滨走走跑跑、插插花。

这一月，亲人好友的生日，若无特殊事情，一定到场；中秋节，到海边看落日余晖洒向大海，看海上生明月。

这一年，是我一生中最美的一年。

📍福州
@ 在冥想的叶子

23 说实话，我不大会因为某个特殊的日子或节日准备特别有仪式感的事情。因为每一天对我来说都是独一无二的，不会有完全相同的一天，所以我会在很平常的一个周末，放肆地睡个懒觉，半睁着眼睛摸到一张黑胶唱片，在音乐中洗脸刷牙，收拾房间，时不时地喝一口烹煮的白茶。这是让我舒适的家！我也是一个喜欢户外、喜欢自驾的人，3 天小长假我就可以设计单程 500 公里左右的路线了，7 天的长假 3 000 公里左右的环线就可以安排起来了。出发的一瞬间就是最让我"feel good"（感觉良好）的事情，旅行的目的地不重要，重要的是过程，出发意味着旅行的开始！我会拍下装满行李和物品的车子，将小计里程清零，用手台呼唤其他车子的司机，踩下油门的那一刻最上头！这是我好奇的世界！

📍北京
@ 爱旅游但景点不入的公益人 Judy

24 每天早上送完孩子去学校，走进我家楼下的麦当劳吃个不那么赶时间的早餐，小坐一会儿对我来说就是种非常重要的仪式感。因为那意味着接下来的时间我要暂时告别妈妈的身份，全力以赴只为自己。

📍大连
@ 外企打工人许许

25 背上购买书籍时赠送的布包，穿上喜欢的舒适衣服，去参加喜爱的作家签售分享交流会。

📍南京
@ 不会唠嗑只会读的优妮酱

26 每天早晨起床后，洗漱完，我会拿出前一天准备好的食材，用心地给自己和家人准备一顿有营养的早餐，一家人围坐在桌前，聊聊今天要做的事情，聊聊饭菜的味道，聊聊天气，聊聊眼前的这杯茶或者咖啡……然后带着愉悦轻松的心情奔赴自己的山海，这是我们家的习惯，"一天之计在于晨"，活在当下，珍惜眼前人！

📍青岛
@ 磊

27 每周为自己买一本书（心灵、情感、旅行、治愈系、名家推荐），闲暇之余坚持阅读，我觉得沉浸于某种心流状态也是一种高级仪式感。

📍上海
@ 依然美好的佩奇

28 我每天醒来的时候会左右活动眼睛 100 次，然后想 3~5 个我昨天很感恩的小事。

📍大连
@ 迅雷不及掩耳的迅雷

走，去兜风

文/图 小莲子

独立插画师、设计师，创作题材及灵感源于日常对生活和自然的观察，作品温暖治愈。

去体会不一样的日常，去感受风、感受雨，去捕捉更多快乐而美好的瞬间。

在互联网公司上班的那几年，我每天早上匆忙坐地铁赶着去上班，无心顾及身边的景色，晚上7点下班走出办公大厦的门口时，基本遇不到天还亮着的时候，时常觉得沮丧，遗憾白天世界与我失之交臂。

后来我发现，毕业后的很多时光，似乎都在城市里钢筋混凝土大楼的格子间里，日复一日对着电脑办公，到了饭点就吃外卖，或者去楼下超市买一份需要自主加热的盒饭。他们有个"超能力"，似乎什么菜，都能做成一个味道，吃起来索然无味。慢慢地，我对日常生活的感知，好像越来越钝，也没什么期待。我意识到不能这样下去，我需要去触摸真实的世界，体验日常之外的环境和空间。

上班族无法指望有太多的假期和精力去远方长途旅行，那每周骑着"小电驴"去探寻周边未曾到过的地方、品尝未曾吃过的美食、记录所见所闻，何尝不是一种对生活的敬重呢？因此，我决定把每周六设为我的"兜风日"。我穿梭在城市的街道，骑着"小电驴"，感受自然的风在耳边呼呼作响，道路两旁的草木花香，此时此刻的太阳光照，透过树叶，斑驳耀眼，这些看起来微不足道的事，却在一点点滋养着我那困顿在办公格子间的心灵。

在骑车的路上观察季节的变化，春夏秋冬，不同的季节也唤醒了我不同的感受。停下来，走走，发呆，感受自然的色彩、温度，捡起掉落在地上的一片叶子，一朵花，一个果子，或者拿出本子和笔，就地写生，把治愈身心的自然景色，定格在画本里，让此刻的美，永不失色。秋天，偶尔还能捡到被修剪下来的栾树果实枝干，绑在车的后座，满载而归，就像把秋天带回家了一样，真的太开心了！果然，人就要多待在没有天花板的地方，出门去体验不同的事物，见各种各样的人。

即便骑行在同一座城市，一路上遇到不同的建筑、景致，都能让整个人变得鲜活起来，打破了平时上班生活沉闷的状态。就这样，我对生活的感知力在慢慢回归，时常感觉到好快乐，我感受到我在真实地活着，觉得世界突然充满了可能性，也不禁觉得：真美好呀！

观察、记录了很多的瞬间，吸收了自然的养分，我创作的灵感也被激发出来，所以，我的很多生活日常，都被我记录在了插画作品里，就如同这张"栾树之秋"。每次翻看一些画，好像能把我重新带回到当时的情景，然后重温当时的快乐。

30
茶香与月光

文 / 图　丘领云

普度园茶空间主理人，中国传统茶文化的世界推广者，曾多次受邀前往法国葡萄酒产区阿尔萨斯、勃艮第等举办茶会，作品茶入选法国米其林餐厅

每天开始工作前，我已早早换好茶服，坐在自己的茶台前，点燃一炷香，让自己的心静下来，再起炉添水，泡制第一泡茶。细细品味每一冲滋味的变化，体会着茶气的温润与绵长。茶香带来的沉浸感是如此幽远，片刻的陶醉令我思绪飞扬，我规划好当天的工作，然后便全身心地投入其中。

自学茶的第一年起，每到八月十五的夜晚，我总会将三杯茶摆放在供台上，向那皎洁的一轮素月献上我的敬意。于此静坐片刻，感受茶香与月光的交融，在宁静中窥见茶香轻舞，在月光下许下虔诚的愿望。每至睡前，我都会坐在榻榻米房间中的蒲团垫上冥想，于此刻释放压力，尝试与自己的内心对话，放下白日的忙碌，寻得专注，调整呼吸和想象，让身心在冥想中得到真正的放松。

艺术不是情感。艺术是表达情感的媒介。

——娜迪亚·布朗热

幸福
WELLBEING

寻找属于你的微光

wellbeing

如何发掘与增强身心感知美好的能力，抓住一闪而过的微光？

作者：
凯莉·多兰
Kerry Dolan

我在河岸边漫步，头顶晴空万里，阳光一泻千里。突然，我闻到一股莫名熟悉的、仿佛熟透的水果般的、略带腐败气息的甜腻味，这味道令我倍感安宁。我循着气味走到水边，看到一株形状奇特的植物，其茎干上繁叶莘莘，盛开的花朵有一点像兰花。正要往前走时，它的一颗豆荚炸裂开来，这股浓厚的气味随着里面的小种子四处散射，弥漫开来。霎时间，我有点恍惚，仿佛回到了和爸爸一起钓鱼的儿时，沐浴在熹微的晨光里，耳畔传来喜马拉雅凤仙花（是的，现在我知道是什么花了）的豆荚炸裂时的微响，眼前精巧的蜘蛛网上缀满露珠，鸟儿清鸣，河水汩汩。

这些关于童年清晨时光的记忆，以及它所带来的宁静感，都储存在我的神经系统里。喜马拉雅凤仙花的香气便是通往这扇记忆之门的入口。这种通往愉悦、平静和其他各种积极情绪感受时刻的入口，便是"微光"。这个术语出自临床医生、咨询顾问和复杂创伤治疗专家黛布·达娜之口。黛布解释，人们普遍了解情绪"触发点"是向神经系统传递潜在威胁提醒的信号，但很少有人注意"微光"这一提示安全感与平静感的信号。黛布称这些微光是感受"生而有幸的微瞬间"。

插画：凯蒂·路易丝·托马斯 KATIE LOUISE THOMAS

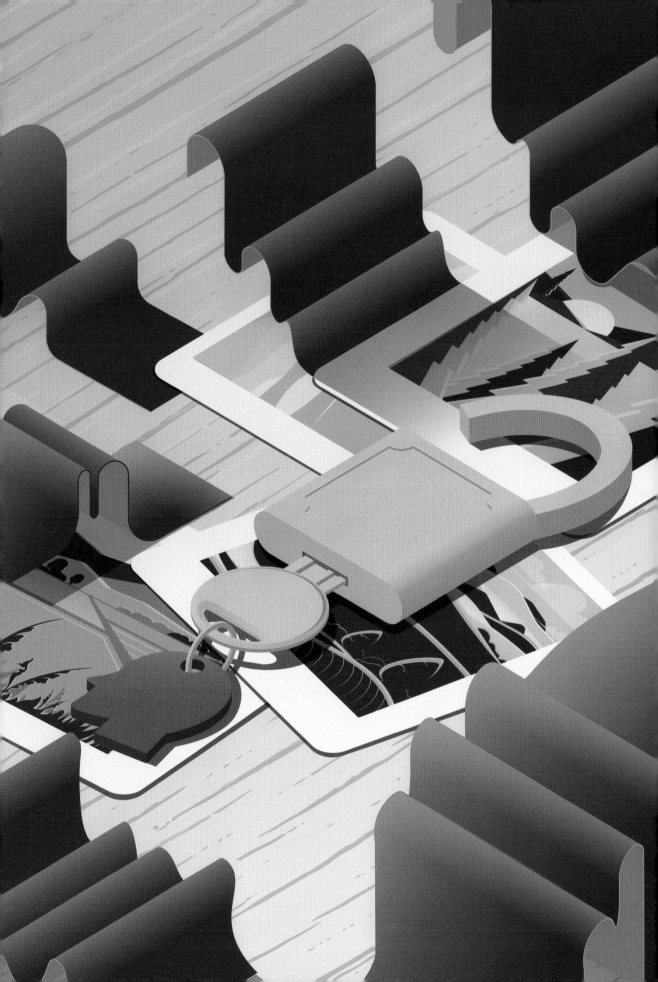

理解微光的暗示

和许多心理治疗师一样，黛布关注创伤，观察人们如何像那些植物豆荚一样，深藏创伤记忆，长久累积情绪，直到最后"爆裂"，释放这些失调的、不堪重负的感觉。但同时，她也想分享自己对神经系统的看法："这种美丽的创造物为我们提供了源源不断的微光流。"神经系统不光通过触发点对危险做出反应，也通过微瞬间学习安全与连接的感受，这些感受对幸福体验至关重要。

神经系统习惯于搜寻威胁。它持续关注身体内部与外部发生的变化，捕捉危险或安全的信号，从思想、内部器官与组织、外部环境的变化中提取线索。这一切都由有意识的知觉控制。它根据身体反应，在自主神经系统的各阶段游走（参见第14页）。暗示安全的信号让知觉进入腹侧迷走神经系统，即从膈膜向上运行到脑干、途经肺部、颈部、喉部和眼部的神经。这个系统代表了健康、生长与康复的可能。感知到威胁则会使人产生生物进化性倒退，使交感神经激活或战或逃反应，甚至背部系统——这一被认为无法产生活动反应的区域——也会产生冻结、崩溃反应。

培养新的焦点

人类由于生存需要，对消极情绪有先入为主的偏执，因此更容易意识到情绪触发点而忽略微光。只有有意识地去注意，才能发现这些有利于调节神经系统的美丽、平静和喜悦的时刻。庆幸的是，通过耐心引导和培养，我们可以学会从丰富的情感体验中抓住这些转瞬即逝的微光。

微光可以来自任何刺激腹侧迷走神经能量的感官体验，只是通常都很短暂。它可能来自一顿喜欢的餐食，陌生人的一个微笑，美丽的日落，干净床单的柔软与清香，一个温暖的拥抱，婉转的鸟鸣声或是明亮阳光下如仙子般轻舞的尘埃，即使你早已不再相信仙子的存在。微光的感觉可能会突然涌现，令你大吃一惊，不过你也可以在日常生活中主动寻找，甚至从记忆中召唤。

黛布认为"每个人都有自己的微光偏好"。有些微光令人如入云端，譬如某天早餐，黛布听到的蜂鸟鸣叫声；有些则让人感到安全、平静和愉悦。通过观察、命名和收集微光时刻（参见第5页），这些荧荧光点最终会集结成闪亮光晕，随着时间累积，加强腹侧迷走神经调节之间的联系，这反过来又增强了体验感受。当然，每个人的微光迥然不同，但识别和培养这些能令你放松与满足的瞬间，将让你即使在最混乱的时候，也能心平气和。🌀

识别你的微光……

黛布建议你为自己的腹侧迷走神经系统反应做一个清点记录（以下一些提示可能对你有所帮助），然后挑战自己，每天找到一定数量的微光点。当你不断扩充你的清单时，可能会发现它们具有主题性，譬如你会发现大自然让你特别容易放松，或者在某些人的陪伴下最容易平静下来。它可能是某种让你跳脱生存模式的活动或声音。你搜寻、注意、命名的越多，有意识地觉察的感受越多，你就越能从挣扎生存的状态转换到蓬勃发展的状态。

- 谁能让你感到安全和平静？列一张清单，想想在哪些人的陪伴下，你感到最自在。名单可以包括宠物，已逝的亲人（回忆往往会让人感到安慰），甚至是你还不认识的人，任何能让你振作起来的人。
- 什么样的活动会让你兴高采烈？有意识地感知那些让你感觉良好的微瞬间，譬如躺在床上伸伸懒腰，洗个热水澡，或是赤脚踩在柔软的草地上。
- 在哪里你会产生敬畏感、震撼感或者平静感？人们通常喜欢置身于大自然中，如海洋、森林、湖泊、山川或者植物园。你也有可能在自己家中某处地方找到平静与归属感。试着辨明具体是什么让你获得平静，是它们的外形、气味、声音，还是给你的感觉？
- 什么时候你感受过纯粹的喜悦？你生命中最有安全感的时刻是什么时候？闭上眼睛，思索这些曾经的时刻都有哪些特点或共性。
- 什么样的场景、感觉、人和声音会触发你的生存反应？
- 哪种微光最能让你跳脱出生存模式？

幸福

现在一起学习如何有意识地培养
与规划属于你的微光……

一旦你能对自己的微光时刻更加敏感，你就能在生活中捕捉更多的微光瞬间。你还可以在手边准备一本手账，随时记录微光瞬间来提醒自己。总之，找到最适合自己的方式。

有计划地与他人保持联络。 注意和不同的人相处时自己的感受，并努力与那些能给你带来安宁的人建立联系。当你无法避免要和触发你开启生存模式的人相处时，通过一些能激活你腹侧迷走神经系统的活动或事物来自我平衡。

列一个专属的微光音乐列表。 听音乐是获取积极情感体验的一种奇妙方式。听那些让你感觉良好的音乐，觉察它们带给你的感受，创建一个能带给你不同微光时刻感受的音乐列表。

到大自然中去。 大自然是安全感和连接感的共同支柱。选择一处就近的户外场地——可以是海滩、河畔、山地、草场、森林或城市公园。如果无法实现，你也可以尝试仰望天空，照料一株植物，观察人行道上的裂缝，惊叹四季变换的魔力。

随身携带精油。嗅觉是最原始的感觉，通常能绕过意识直达大脑。找出那些能让你平静下来的气味，随身携带对应的精油、熏香，点燃香薰蜡烛，或者喷上你喜爱的香水。

管理你的社交平台。订阅能带给你安全感与平静感的账号，并取消订阅那些触发你生存模式（消极情绪）的账号。

将有微光意义的纪念品放在显眼的位置。在家里、车里或工作场所放上能提醒你产生微光感受的物品。例如，在海边长大的黛布，喜欢在家里四处摆上从海滩拾取的卵石。

设置你专属的屏幕保护程序。不要使用默认设置，而是将那些能给你带来积极回忆或联想的照片设置为屏保，包括风景照片、高光时刻照片和抓拍的充满笑容的爱人的照片或关于有趣的回忆的照片。

让微光为你导航。不要局限于日复一日的常规路线，每天在不同的路线上找寻微光。你可以选择途经风景优美的名胜，偶尔顺路见见朋友，或者花一点时间找寻和沉浸于你喜欢的东西。

分享你的微光时刻。与你爱的人分享你的微光时刻和每日小确幸并将其当作一种日常仪式。

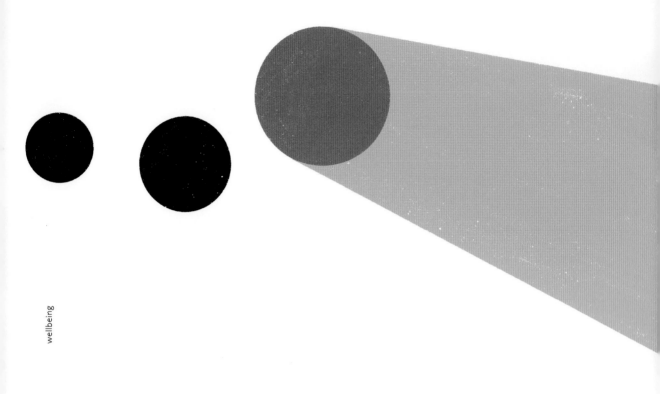

插画: 罗茜·拉克姆ROSIE RACKHAM

做一个容易被取悦的人

作者:

基兰·西杜

Kiran Sidhu

简单的快乐有时会被诟病,但简单的快乐往往不是因为缺乏辨别力,更多的是因为自信,以及对令人感到幸福的事物的理解和欣赏。

幸福

9

在生活中获得快乐和满足是首要任务，这一点应该是大多数人的共识。而幸福的来源各不相同：孩子、事业、家庭、金钱、朋友等。我们生活在一个为相同目标而奋斗的世界，无论表面形式如何迥异。因此，快乐和满足应当是绝大多数人能产生共鸣的事。所以某一天，我表达我的开心时，得到的回应令我困惑：我开心只是因为我容易被取悦罢了。

生活中的小确幸

很多东西都能让我感到开心。今天截至目前，我至少可以找出 20 个令人愉快的细节。早餐，我吃麦片粥，里面点缀着刚从花园里摘的树莓和草莓。我把勺子举到嘴边，对着即将被吃掉的粥笑了笑，心想："这些可都出自我自己的花园呢，我浇灌它们，看着它们一天天长大。"吃自己种的东西，会有一种满足感油然而生，这份满足感让我感到幸福。邮递员投递了一封友人来信，我一边读一边笑得合不拢嘴。午餐时，我给自己准备了最喜欢的食物之一——奶酪沙拉三明治配奶酪洋葱薯片，完美。我又一次感到了幸福与满足。的确，我很容易被取悦。

接着我又想到了开头提到的那个"令我困惑的回应"。起因是我在社交媒体上发了一张照片，它是给我带来快乐的新购物品：一些有着鲜花纹饰的美丽信纸。看着这些信纸就是一种享受，会让人有提笔写信的冲动。突然一位老相识留言评论"你也太容易被取悦了吧"，还配有一张她完全负担不起的奢侈品包图片，标注是"我的梦中之物"。真是受不了这种对简单快乐的轻视。

相对频繁地以高性价比的支出获得快乐有什么问题呢？对于任何想要快乐的人而言，能够以最少的努力或支出获得满足本身就是一个目标，因为这让快乐更容易实现且更频繁出现。

生活中，对"容易被取悦"的解读更多时候是负面的，被认为没有敏锐的判断力，需要提高标准，目标应该更加远大。但是，"容易被取悦"就是字面上的意思呀。这是多么美妙与幸运的事！那些容易满足、容易获得快乐的人在生活中会有更多机会。他们会留心别人容易忽视的细枝末节，每天都能发现生活里的小确幸，比如烤面包的香气、老朋友的一句问候或者一束鲜切花的清新香味。当其他人正挣扎在为购买奢侈品而不得不努力存钱的长期痛苦中时，容易高兴与满足的人早已被日常的简单快乐环绕着，在生活的祝福中扬帆远航。就此而言，"容易被取悦"并不是什么坏事。

对快乐的误解

然而，长期以来人们的信念都是，想要得到珍贵的东西就必须付出巨大努力，通往幸福的道路一定遍布荆棘，寻宝之旅必定障碍重重，大批巨人、女巫和独眼兽等着与你斗智斗勇。千辛万苦取得金羊毛之后并没有感到快乐，那么，这宝藏的价值又在哪里？

这不禁让我想起 19 世纪德国哲学家叔本华的一句话："生活就像钟摆，在痛苦与无聊之间来回摆动。"依照叔本华的观点，痛苦源于你渴望自己没有的东西，因此产生了不满足；无聊则由于极度渴求的欲望或目标一旦得以满足，便失去了价值。由此，你又回到了起点，开始了新一轮渴求拥有与努力获取的循环，就像他另一句名言所述："占有之后便魅力尽失。"

我那位朋友渴望的快乐来自遥不可及的昂贵手提包，这可比那些"容易被取悦"的人的快乐更难获得。但这并不意味着你只能满足于微小或廉价的事物，而是意味着你能在更广的范围内去认知事物的价值。容易被取悦的人，更能拓宽对价值的理解范围，优化幸福的内涵，认识到获得满足和快乐的途径与形式各异，无须被那些昂贵奢侈的事物绑架。在一个不断规定我们需要什么才能快乐的世界，应该让我们来告诉世界，什么才是让我们高兴的东西——无论那是什么。

人人都在追求快乐，但对快乐的定义又模糊不清。于是大家对那些声称获得快乐的人产生了怀疑。是他们的标准不够高？还是他们不懂什么是真正的快乐？他们会永远安于现状吗？如果他们拥有甲、乙或丙时会不会更快乐一点？我曾经和一个朋友讲过一个人的故事，这个人生活简单，享受她狭小的生活社交圈，没有欲望离开舒适区开启一场冒险。这是一个对自己的小圈子感到快乐、满足的人。而我朋友的反应却是"她快乐只是因为她不了解外面的世界"。这真是一种奇怪的反应。因为如果有人自我感受到快乐满

足，别人无权质疑。如果有人自觉幸福，为什么需要去想是否可以更幸福？也许就如叔本华所言，似乎有些人总是无法长期安享已有的快乐，他们对幸福的胃口永无止境，总会定期升级自己的欲望。

曾经，被称为"容易被取悦"会令我感到冒犯。我会感到受伤，以为是自己不够入世或见识太浅，并进一步质疑自己的价值体系。我一度想努力成为它的对立面，做一个"很难被取悦"的人。这意味着我见多识广，阅历丰富，不会为微小浅薄的事物大惊小怪，意味着我足够成熟老练，标准甚高。而现在随着年龄增长、阅历增加，我知道这只是年轻时的虚张声势。我很庆幸自己是一个容易被取悦的人。每一天，我不用耗尽心力去追逐遥不可及的快乐，早晨的一杯咖啡就能让我看见万丈光芒。♨

"容易被取悦"的好处

- 你更容易感到快乐。
- 生活里充满了小确幸。
- 你无须精疲力竭追求完美，无论对人、对事、对己。
- 你更不容易为那些宣称能带来幸福的事物所迷惑。
- 随和、能发掘微小幸福的人有自己的长处。你了解自己，并不需要去证明自己。
- 能帮你省钱。并非蕴含智慧与价值的事物都价格不菲。
- 你依然很有眼光，有积极的价值观，但你懂得何时何地做出合适的选择；同时你能欣赏生活中微不足道之处的美好，并由此保持洞见，收获良多。

藏在身体里的情绪调节方法

困难时，发掘你的身体潜能抚慰自己。

作者：

阿霍娜·古哈
Ahona Guha

你有没有发现，在你情绪低落时，譬如沮丧、哭泣、生气和焦虑不安时，你会本能地用手和身体来帮助自己冷静下来？有些人伤心难过时，会把身体蜷成一团，或是前后摇晃；而对严重疼痛的反应可能更出人意料，比如晕厥。

这些反应的背后有很重要的生物学原因。大脑与身体紧密相连，在危急时刻，我们会本能学习利用这种连接来安抚自己。虽然情绪是神经功能的一种体现模式（即它们会在脑内唤起特定模式），但生理上，它们也通过改变身体的化学成分对其产生强烈影响。当心理学家为出现心理健康问题或情绪问题的患者提供治疗时，他们通常会帮助患者建立危机—忍耐关联型的抗压能力，使他们能在情绪剧烈波动时舒缓安定下来。虽然有一些技巧可能本质上是认知方面的，譬如重塑思想，其他技巧则需要生理和身体的配合。

核心理论

人在痛苦时使用的主要生物系统是多重迷走神经系统，在 20 世纪 90 年代中期，它由美国精神病学家和神经科学家斯蒂芬·W. 波格斯教授首次提出，并从他对迷走神经的实验中发展而来。迷走神经是从颅骨生发并向下延伸、通过全身的一条大神经，会途经人体的全部主要器官系统，包括心脏、肺和消化系统。有理论认为迷走神经是情绪管理系统的核心组成部分，并与我们应对事物的准备能力和自我安抚能力紧密相关。

它连接交感神经系统（即神经系统的激活功能部分）和副交感神经系统（有助于缓解紧张、抚平情绪的功能部分），并为大脑和身体之间提供了连接的桥梁，让我们能够很好地调整和管理反应。增加迷走神经的激活常常能让我们为行动做好准备（例如感受到威胁时，或战或逃反应中的逃跑反应）。虽然人们通常认为中枢神经系统中，交感神经系统与副交感神经系统是两个独立的部分，但实际上它们相互作用，使我们能够及时应对各种局面，并保持最佳的唤醒水平。

虽然对迷走神经的讨论通常侧重于调节和放松（与迷走神经张力降低有关），但同时我们也需要重视它的激活与唤醒功能，以便更好地应对身处的环境。迷走神经系统通过几个关键反应来帮助我们实现这个目标。当我们经历极端危险，譬如身体严重受伤时，它会使身体僵化。它也会通过动员活动，例如让身体活跃起来，有助于"逃离"，它还帮助我们建立社交连接。

当人们经历严重创伤性事件后，这种自然调节激活水平的过程可能会消失，因为经历者已经习惯某些危险刺激的信号，甚至会本能地过度感知。他们也可能默认以某种方式来应对危机，譬如肢体僵化或逃避现实。这个过程通常是无意识的，由迷走神经主导，人们可能会深陷于持续的危机感中。此时，大脑处于过度兴奋性唤醒的"战斗 / 逃跑 / 僵化"状态，无法使用逻辑思维能力，因此认知性的危机—忍耐技巧可能就无法派上用场。这种情况下，学习使用身体技巧来舒缓（或激活）情绪则能帮你摆脱困境。这时生理上的安抚技巧旨在激活迷走神经，通过由身体至大脑发送信号这种反向的方式来管理情绪。

外延知识

有很多技巧能够通过身体来激活迷走神经（参见第 17~18 页和第 2 页）。你可以多尝试几种，直到找到最适合自己的选项。这些技巧不仅用于你需要平静和慰藉的时候，还用于你觉得情绪低沉或昏昏欲睡，进而需要"激活"自己的时候。

人类生物学既复杂又迷人，我们永远都需要更多地了解身体和大脑之间的联系。很明确的是，只有了解它们是如何连接的，它们才能为我们所用，以舒缓或是激活我们的情绪。✋

发掘身体的优势

阿霍娜的技巧：如何深入建立大脑与身体的连接？

呼吸法

虽然情绪不好时深呼吸早已成为一种老生常谈，但治疗师建议专注于长而深的呼气，因为这会使身体平静。一种呼吸控制法包括四秒吸气，两秒屏息，六秒呼气。慢慢吸气，让腹部扩张并保持，然后悠长深远地呼气，这是使身体平静的最重要的方法之一。这种呼吸能帮助缓和焦虑，调节惊恐发作，或是使自己与任何使你感到痛苦的情境保持距离。箱式呼吸的技巧也很类似，运用四秒吸气、四秒屏息、四秒呼气的模式。容易焦虑的人，选择任意一种呼吸法，每天练习几分钟，可以降低焦虑水平。

温度改变

人们生气时总会说自己觉得很热，这是因为身体释放了一定量的激素，为"战斗"做好了准备。这时降低体温会有所帮助。可以试试把头顶稍稍浸润到一盆冰水里，或者在前额上敷一个冰袋。洗个冷水澡也是行之有效的方法，只不过需要更长一点时间。同理，当你感到情绪低沉时，温暖感能很好地提升情绪。热敷、泡个热水澡、添一条盖毯，都会让你放松下来，一杯热茶或热巧克力也有异曲同工之效。

增加重量

许多人发现适当在身体上增加一点重量，譬如盖膝毯或肩上放个毛绒玩具，能让自己平静。增加重量的作用在于通过深度的物理压力（和拥抱是同样的原理）减少迷走神经激活，包括降低血压和心率，而这两者通常在精神压力大时会有所上升。

善用嗅觉

善用嗅觉是利用我们生物学优势的另一种重要方式。嗅觉神经与脑中情绪处理和记忆的部分直接关联。这也是为什么某些气味会突然让我们清晰地产生相关的回忆或进入某种情绪状态。有些气味以它们的镇静安抚特性而闻名，譬如薰衣草与洋甘菊。还有些气味则能激活神经系统，提升情绪，例如柑橘或薄荷。感到痛苦难过时，用那些能使你想起生活中美好和快乐的气味。

身体活动

生物学感受也可以帮助提升情绪并激励你采取行动。简单的方法例如有选择地使用气味（见上文）、大声歌唱、忘我舞动、有节奏地打鼓、开怀大笑和体育锻炼，比如散步、跳跃或奔跑，都是用身体活动来提升情感空间和改善情绪的有效方法。

使用页面右侧留白处分析可能适合你的身体管理情绪方式，并翻至下一页跟随小贴士开始练习。

打开你的感官

思考哪些材质、温度、气味、味道和声音能让你感到放松或兴奋。或许你可以尝试将不同感官匹配起来，例如，能让你放松的一种气味（薰衣草精油）搭配一种声音（鸟鸣）。在下面的横格线上列出能让你感到平静和激动的不同感知。

....

....

....

....

....

....

....

....

....

....

....

....

....

....

....

....

....

....

....

....

....

....

尝试练习

列出你觉得特别难克服的情绪触发点或情绪反应，譬如如下几例：

"每当想到去世的阿姨时，我就难过不已。"
"一想到公开演讲我就会焦虑。"

现在，试着用上文教过的技巧来缓解。你可以制作一张简易量表，按痛苦程度的增加从 1（非常低）到 10（非常高）进行评估，在练习前后各做一次。这将有助于你清晰了解具体哪些技巧对你有效，尽管一开始你还需要有意提醒自己使用技巧，但通过练习，很快你就能在任何环境中自然地使用最适合自己的方法。

在生活中的某些时刻感到焦虑或躁郁十分正常，但如果焦虑情绪已经影响到你的日常生活，或者令你痛苦不堪，请及时就医。

幸
福

用艺术探索内心

不论是绘画还是制作道具，艺术治疗为我们提供了一个非批判性的空间，让我们能够应对情感行为、身体和精神健康方面的挑战。

作者：
贝弗利·德席尔瓦
Beverley D'Silva

史上最杰出的雕塑家之一亨利·摩尔说过："艺术是想象力的表达，而非现实的复制。"以扮演热播剧《欲望都市》中的萨曼莎·琼斯而闻名的知名女演员金·凯特罗尔则这样解释艺术："艺术是你表达自己的一种方式，我的表演中也包含了真我的一部分。"两位在各自领域大放异彩的艺术家不约而同地表达了一个真相：艺术反映了艺术创作者一些固有的东西，他们的创作之于他们的存在，就像呼吸一样重要。

艺术能够帮助自我发现和表达的特性，也被很好地运用在艺术治疗中。1942 年，英国艺术家阿德里安·希尔首次创造了"艺术治疗"这一概念。希尔在肺结核治疗康复期和病友一起进行艺术创作，得到了意想不到的收获，并将具体过程记录于 1945 年出版的《艺术如何打败病魔》（*Art Versus Illness*）一书中。另一位英国艺术家爱德华·亚当森在第二次世界大战后与希尔合作，用他的方法来帮助精神疾病患者。20 世纪 40 年代末，美国心理学家玛格丽特·南姆伯格开创了"通过自发的艺术表达释放潜意识"的心理动力艺术疗法，进一步拓宽了艺术治疗的领域。

艺术治疗直到今天仍然存在并蓬勃发展。作为一种心理治疗形式，它鼓励问诊者通过艺术这一媒介进行表达与沟通。艺术治疗面向全龄段的受众，帮助问诊者解决情感、行为、生理或心理健康上的困扰。英国艺术治疗师协会称其为一种"为情感痛苦排忧解难的媒介"。

插画：朱丽安娜·维多 JULIANA VIDO

个案故事

梅利莎·金是一名有着 14 年治疗经验的资深艺术心理治疗师和临床督导。她负责英国切斯特大学的艺术治疗硕士项目，对这种治疗方法的治愈力及转变能力充满热情。她说："艺术治疗能充分激发你的想象力，让你为困扰不已的情绪找到合适的表达方式，学会从不同的角度看待问题。帮助问诊者进入潜意识是艺术治疗的关键，当你自由创作时，不用深思熟虑，只需要随心而画就好。"

梅利莎接待的问诊者年龄各异，其中有一位在教育机构工作多年的女士的作品让她印象深刻，"她画了一幅美丽的花卉图，然后在花上涂了醒目的黑线。在我看来，那些线条仿佛监牢的围栏"。在帮助这位女士分析前，梅利莎先引导她进行自我提问，找出工作对她的个人意义。除了画面的主题，色彩也很重要。梅利莎说："这通常与我提出的问题相关，譬如，蓝色对你来说意味着什么？"

艺术治疗师除了鼓励问诊者诠释自己的作品，还能帮助他们创造属于自己的私人化视觉语言。梅利莎解释道："事物的象征意义因人而异，比如一只蜘蛛，在不同的人眼中代表的意义是不同的。我们永远不能假设我们了解一个人作品背后的含义，我们必须通过提问来了解隐藏在作品背后的情感。"

艺术治疗并非传统的绘画课。"你不需要有任何绘画基础，"梅利莎说，"如果你有基础，反而需要先学会放松。艺术治疗不需要你想得太复杂，它关心的是觉察与深度发掘自我，同时也着重于如何处理作品背后体现的感情，让你看到这些感情的存在。"她发现，很多时候人们会有意识地让自己疏远一个复杂的事件或与之有关的回忆，或是自我暗示已经遗忘了它。梅利莎表示，"他们或许不想再触碰那段痛苦，但他们的艺术作品却显示出，他们的身体与潜意识始终没有放下或忘记。这些痛苦通过艺术创作显露出来，并能妥善地得到解决"。

道恩·鲁弗雷是一名执业于英国西南部学校的注册艺术治疗师。在她的工作室里，她的职责便是帮助年少的学生"在一个充满支持与信任的环境中探索自己的情感"。在一项治疗练习中，她鼓励青少年创作三幅自画像，作为探索自我的过去、当下和未来的一种方式。完成后，大家会从艺术角度探讨自己过去的经历与性格特点、当下的情感历程与感受，以及关于未来的畅想与期待。

而在另一项练习中，有一位学生的作品是两棵"若即若离"的树。道恩说："这名学生和我谈论的是自己与母亲的关系。他的作品暗示了两人之间很难建立联结。他并没有直接表达出这样的观点，只是在分析自己的作品，然后意识到这背后隐含的寓意。作品揭示了他内心的想法。我们了解到他的母亲喜欢装饰蛋糕，而他喜欢绘画，他们可以通过类似的兴趣爱好联结起来。"

"当我绘画时，意味着我身陷困扰，即使我说不清具体是什么困扰。因此绘画对我而言，是治疗焦虑的良方。"

路易丝·布尔乔亚

不仅年轻人从艺术治疗中受益匪浅，老年人，特别是患有痴呆症的老年人也能通过艺术治疗得到帮助。道恩解释如何使用艺术治疗帮助阿尔茨海默病患者："科学家发现大脑中负责情感与创造力的部分通常能有效工作更长时间，艺术治疗能够帮助我们在我们以为已经丧失的这些功能之间建立联系。"

道恩还表示艺术治疗可以缓解焦虑症状，帮助个人恢复自我认同感。她将其描述为一种"冥想形式，因为它能帮你跳脱出困境和负面思维，突破困扰"。艺术治疗的技巧相当丰富，例如用于鼓励自由表达的"双边绘画"，它要求问诊者双手各持一支笔（铅笔或钢笔），同时画出两幅完全独立的作品，这能帮助问诊者同时运用脑的两个半球，从而达到治愈的效果，有点儿类似于玩黏土。道恩说："当你同时使用两只手时，它能帮助你与自我感知相连接。"

音乐与歌唱是另一种艺术治疗的常用形式。梅利莎会敲打颂钵或是萨满鼓，和道恩一样，她有时也会在治疗中运用一些道具，譬如木偶。"有时候我会问：'这只木偶怎么了呀？'"道恩这样解释自己的治疗过程，"问诊者可能会说：'它失眠'；我会接着问：'那我们怎么帮助它呢？'他

们可能回答：'睡前一杯温牛奶也许能让它好好入睡吧。'"

道具还能以更具象征意义的方式使用。譬如在道恩讲的一个关于创伤性记忆的个案中，"我们通过把问诊者的作品保存在容器内来进行治疗。或者我们还会说：'我们可以待在这张桌子里面，想怎么捣乱就怎么捣乱。'被忽视的儿童常常会创作很多看起来一团糟的作品，作为治疗师，我们会保护这种行为，并询问他们的感觉。他们通常会告诉我：'这是我不想让别人看到的自己的一部分。'我们会进行分析，并为孩子们提供一个不受拘束的、肆意乱涂乱画的空间。这是艺术的本质，并非为了创作出多么完整的作品，重要的是过程本身"。

还有一种方式是使用隐喻性语言。道恩对此解释道："我们可能会问：'我们应该把它扔进垃圾桶吗？'问诊者也能决定自己想做什么或是不想谈论什么。"艺术治疗师的底线是以旁观者的视角保持客观。道恩说："我们并不致力于创造一种轻盈、明亮、美好的假象。我们要面对的是更黑暗的问题，是如何治疗伤痛。"当然，也有被问诊者的作品惊艳到的时候，那是问诊者自发感叹"天呐，看看我画得如何"的时刻，那些作品呈现出"令人惊喜的美丽"。✋

wellbeing

想尝试艺术治疗法吗？

以下是梅利莎的 10 点建议。

1. 找出合适的时间段准备艺术创作，可能需要 2 小时，也可能 10 分钟即可。

2. 找一处专门用于艺术治疗的环境，譬如餐桌或沙发，告诉自己："我要在这儿进行一些创意性表达了。"

3. 无论使用何种创作工具，画笔、铅笔或是黏土，不要太在意精确性。

4. 告诉自己："我要跟随本心，这个艺术创作只是为了我的自我表达。作品只属于我自己，我不会把它展示给任何人。"

5. 尝试一些没接触过的材料，譬如毡头墨水笔、油画颜料、蜡笔、炭笔或者黏土。

6. 无所谓对错，艺术创作中不存在对错。

7. 如果觉得空白页会令自己无从下手，试着从旧报纸、杂志上剪下一些图案贴在纸上，再丰富画面。

8. 从自己熟悉的形象开始画，譬如自己的宠物或者喜欢的小动物。

9. 每天早上固定留出 10 分钟，在素描本上进行自由创作。

10. 尝试双边绘画（即同时使用双手画出不同的内容），或是闭上眼睛创作，只要解放内心，避免自我评判，你就能享受这样的过程了。

你是自己生活的讲述者，
只有你能写就属于自己的传奇。

——伊莎贝尔·阿连德

生活
LIVING

 living ——————

为什么有人不过生日?

作者:

杰德·比克罗夫特
Jade Beecroft

*一起来探究在庆祝生日时,为何有人喜欢呼朋唤
友,有人却喜欢安静独处。*

插画:汤文·琼斯TONWEN JONES

生活

生日是一种很微妙的存在，有点类似马麦酱，有人甚喜之，有人烦厌之。有人过生日，喜欢遍邀亲朋好友，聚餐、郊游、举行盛装派对，享受着拆礼物、吹蜡烛、在一群人的簇拥中听着跑调的生日祝福歌的热闹温馨；也有人不愿成为关注的焦点，更希望自己的生日鲜为人知。若是旁人提起，他们可能会勉为其难地举行一个低调的庆祝仪式，只邀请至亲至爱，简单的贺卡和小礼物才不会让他们有负担。若有人自以为好心，偷偷为他们策划惊喜，对他们而言绝对是一种惊吓。

无论东西，各种文化里，越是人生里程碑式的生日，越受重视，包括象征着成年的 16、18 或 21 岁，或者标志着退休可能的 60、65 或 70 岁。还有逢十的整数生日，总在贺卡和气球上特殊强调。当然还有 100 这个重要的数字，无论是英国公民，还是英联邦及英属海外领地，都会在 100 岁 / 年这一天，得到英国国王的祝福。但为什么人们对待这些"重要"生日的态度大相径庭？谈论这个话题总能煽动大众的情绪呢？

生日庆祝的起源

世界上每个人都有生日，只不过有些文化重视它，有些不重视；还有一些国家没有完善的出生登记制度，有些人甚至不知道自己的生日。庆祝生日的传统始于早期人类社群中。对庆祝生日最早的文字记载之一，来自《圣经·创世记》（40：20-22），其中记录了一位法老宴请属下庆祝自己的生日。

在古希腊和古罗马，人们为重要人物送礼物、办派对来庆祝生日是一项传统。在非基督徒和凯尔特人中，生日会被记录在每年的庆典日历上，特别是那些于吉时或有重大天象发生的日子出生的人。大家会点燃蜡烛，准备美食用以庆祝。早期基督教徒认为庆祝生日是异教徒的传统，应尽量避免；但由于圣诞节（耶稣的生日）的引入，他们的态度也发生了变化。随着历史的发展，公历在全世界广泛应用，越来越多的人也开始有意识地记下自己孩子的出生日期。

生日宴会

世界各地庆祝生日的方式也各不相同。最基本的与亲友一起吹蜡烛、切蛋糕等方式也许大同小异，但特定的用于庆祝生日的食物则五花八门。例如在韩国，小寿星的生日早餐必定是一碗丰盛的海带汤；在中国，一碗不断的长寿面寄寓着长寿；在澳大利亚，仙女面包是生日派对上必不可少的重要元素，面包上抹厚厚的黄油，再撒上细密的彩色糖珠，是很多人最珍贵的童年生日回忆之一；瑞典家庭则给孩子烤公主蛋糕，多层海绵蛋糕间夹着甜蜜的杏仁糖和鲜奶油；而在墨西哥，牛奶大米布丁则是除蛋糕外庆生食物的重头戏。

回顾人生的一天

庆祝生日的人各有各的理由。逢十的生日既代表一段人生的回顾，又代表人生新一阶段的开始。有些人会选择一项新挑战来开启新阶段，马拉松、蹦极或跳伞都是笑对老去的积极方式。里程碑式的生日是一个鼓舞人心的日子，在它到来前一年，人们可以回顾与审视曾经的收获与成就，并为下一个人生十年设定目标。人们在 39 岁、49 岁或 59 岁这一年为自己设定私人化的健身或健康活动挑战目标，也十分常见，这样他们就能在次年过生日时达到巅峰状态。

生日忧郁

并非每个人都觉得里程碑式的生日，甚至任何一个生日，是激动人心的。一些人对自己的生日保密，因为恐惧热心的同事突然办一个惊喜派对或是收到并不想要的礼物。生日不仅令人期待，还有可能引发焦虑和压力。想象一下你不得不面对的问题。你会去哪里庆祝？你想怎么庆祝？你能猜到自己会收到什么礼物吗？有些人在公众场合容易局促不安，有些人的家教告诉他们关注他人年龄是不礼貌的行为，还有些人觉得生日并不重要，于这些人而言，生日庆祝非但不值得期待，甚至还可能使其身陷窘境。

生日标志着又一年的流逝，也会引发感伤，让人陷入情绪低谷。得克萨斯州奥斯汀市的瓦妮莎·范·爱德华兹是一家行为研究所"人的科学"的创始人，也是《着迷：如何科学透彻地了解人》（ Captivate: The Science of Succeeding with People ）一书的作者。她认为生日忧郁症比大家预想的还要普遍，这源于其引发的衰老标志、社会压力和成就感或控制感缺失的感受。

"这些都是生日气氛中大家心照不宣的想法，特别是在里程碑式的生日时。大家通常认为这类生日必然有值得庆祝、纪念的高光时刻，或应有巨大的成就值得分享，"瓦妮莎说道，"单是庆生者周围的这种期待氛围就令人紧张焦虑。除此之外，还有许多不切实际的期盼也会令过生日的人倍感压力，譬如期待能有别具一格的庆祝方式，期待能在最豪华的场所高朋满座，期待能收到最符合心意的礼物等。"而有些文化中，高寿未必意味着值得庆贺。西方文化中认为年长者贫弱的偏见依然存在。

生活

living

新时代的新视角

瓦妮莎认为，无论你对生日这一概念的喜恶如何，最好的方式是改变固定思维模式，用积极的心态面对它，让生日成为一次积极回顾与展望未来的好时机。瓦妮莎说："每年生日时，我都会在日记中回答自己四个问题，这是四个关于如何更深刻地理解自我、如何更深入地学习成长的问题（见第34页）。每个生日，我都对自己有新的认识，并因此感到开心与感恩。"

瓦妮莎还提醒有生日忧郁感的人，更应当对自己温柔一些，告诉自己这是再正常不过的事，自己并不特殊。她说："记住，并非只有你一个人有此感受。无论你想如何庆祝你的生日，隆重或低调，或是完全不庆祝，都是你的个人选择，你只需大胆地表达出来。生日一年一次，你才是主角，选择你觉得舒服的方式最重要。"🐾

心灵的礼物

- 如果你有朋友或家人不喜欢庆祝生日，请充分尊重他们的选择。如果你想表达自己的关心与爱意，一则简短的问候信息或一通电话，一顿安静的聚餐或礼轻情意重的心意表达都是合适的选择。这种情境里，周到温和的表达远胜于热烈的喧闹。

- 生日或任何与年龄相关的话题在职场上都很敏感。也许你不介意大家了解你的生日，但不要期待他人应当同样看待生日。

- 如果你想一个人过生日，把自我关怀放在首位吧。看一场喜欢的电影，享受一顿心仪的美餐，听喜欢的音乐或是在心仪的地方散散步。如果条件允许，也可以考虑住一晚豪华酒店或是静享一次全身心放松的温泉按摩。

年度回顾

日记是一种打开思维与心灵的好方式，它能让你畅想未来的无数可能，也能帮你梳理过去一年中无数值得感恩的瞬间。如果遇上里程碑式的生日，你还能以十年为单位做一次回顾与展望。以下是瓦妮莎的四个问题，仅供参考。

1. 过去一年中，发生在你身上的最好的事是什么？

....

....

....

....

....

2. 你在过去这一年中学到了什么？

....

....

....

....

....

3. 你对即将开始的新一年，有何期待？

....

....

....

....

....

4. 在未来这一年，你想学到什么？

....

....

....

....

....

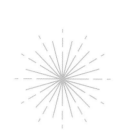

我的不惑之年

瓦妮莎的 40 岁生日感想记录

我从不认为自己天生外向，我不喜欢公开发言，也为成为人群中的焦点而紧张。但除此之外，我一直非常享受庆祝我的生日。

对我而言，生日意味着我有机会见到数月未曾谋面的好友，或是做一些出格的趣事。我可以理直气壮地要求朋友们花费一个周末陪我短途旅行，或者一起去平日里感到有些奢侈的豪华餐厅大快朵颐，顶着"生日庆祝"的名号，就不觉得过分。

客厅里无数张印着巨大的数字 40 的贺卡令我欢欣雀跃。对于人生的第一个 40 年，我由衷地感到高兴与自豪。当然，我也走过一些弯路，可谁没有呢？重要的是我对自己走过的路坚定无悔，异常满意。迈过不惑之年的门槛，意味着开启新一段继续成长的人生旅程，但同时，我相信依然有无数令人期待的机会与可能性在前方静候我的到来。

40 岁生日的那个周末，我选择了一个较为奢侈的庆祝方式，去了一趟巴黎，在埃菲尔铁塔下享受素食飨宴，在红磨坊畅饮香槟。像我这样仍然童心未泯的人，当然还去了一趟巴黎迪士尼乐园，哦，对了，还赶上了它们的 30 周年庆。回家后的下一个周末，我又和一大群好友一起大快朵颐了一次。

生活充满艰辛，我们都会经历困难、苦痛、健康危机或人生悲剧，值得庆祝的时刻并不多。因此，每当生日临近，我都把它当成一次珍贵的机会，与我爱的人一起，庆祝自己依然顽强地活着。现在，我准备好走进我的下一个 40 年了。

生活

打字机的奇妙世界

作者:

西蒙娜·斯科特

Simone Scott

*不起眼的打字机为何保存至今，它又如何
改变了世界?*

打字机在全球范围内，都曾经是最重要的办公用品，它是最出色的秘书的工作必备品，也是往日大文豪写作的好帮手。时至今日，打字机仍然吸引着不同背景、不同年龄的人们，让大家满怀热情一窥究竟，也持续不断地激发着设计者的创造力。不过也许一些年轻读者并不了解它，在此，引用《柯林斯英语词典》中的权威定义略加解释："打字机，是一种通过按键将字母、数字和其他符号印到纸上的机器，曾经被广泛使用。"

这个定义至今仍然准确，不过缺少一些细节。对那些从没听说过打字机的人来说，或者可以试着这样想象一下，你要使用电脑输入一篇 4 000 字左右的论文或报告，但是这台电脑键盘上只有打字功能，没有删除、撤销、剪切、粘贴、查找、替换、拼写检查、加脚注和自动格式化等功能。每个按键按下，就是落笔无悔，没有修改机会，也没有模板、备份或是多种版本可供选择。

打字机发展史

打字工具的历史可追溯至 16 世纪，但第一台打字机则被公认诞生于 19 世纪初。打字机最初是为视障与听障人士开发的设备，一些早期的打字机与现在我们熟悉的模型大相径庭，它们主要由一个圆形转盘构成，人们转动转盘选择需要的字母，然后再按下键盘确认打印到纸上。到 19 世纪末，欧美的发明家设计了更复杂的打字机，键盘上出现了现代最常见的 QWERTY 的按键布局，并因此获得了巨大的商业成功与丰厚回报，而更新后的打字机也成了全世界普及的一类办公用品。

生活

改变时代的工具

不过，打字机的影响力可不限于办公室。爱丁堡一间书店的店主、打字机狂热爱好者汤姆·霍奇斯认为，打字机在女性争取投票权运动中发挥的重要作用令人难以忘怀。书中写道："我很仰慕打字机在社会历史层面上的角色影响，在帮助女性进入职场取得工作资格并最终赢得投票权上，打字机的存在不可或缺。"1914 年的一份报道女性争取选举权的报纸上，有一条广告标题便充分展现了打字机的这种重要影响力："沉默的打字机为女性权益所做的努力不亚于几个世纪以来的所有探讨与振臂高呼。"女性运动者用自己精湛的打字技巧，创造了大量呼吁投票平权的文学作品，使人们能更大规模分享投票平权的重要信息。

到了 20 世纪 50 年代，技能精湛的打字员在职场上供不应求。英国达勒姆郡的退休文秘阿尔玛·斯科特回忆道："我 14 岁时离开学校，白天在当地一家土木工程公司从事初级文秘工作，晚上去夜校攻读正式文秘文凭。"那是一个竞争近乎白热化的领域，大家通过一个打字员每分钟的打字数来评判其专业能力。阿尔玛在激烈的竞争中脱颖而出，顺利应聘为一家保险公司的音频打字员，将高级保险员给客户的录音信件听写下来。在阿尔玛的回忆中，保险公司的工作环境令人愉快，"我和朋友们会有非竞争性的小比试，看看谁每天能听写最多的信件。我们都是打字高手！"这一领域要求高效，更重要的是，以女性打字员为主导，因此成为这些职场女性的另一个

家。她们因打字而相识，从青春岁月开始，相伴走过漫长人生，到成为母亲，每个人的孩子都有一大群没有血缘关系的阿姨或教母，直至退休，友谊长存。

从常用品到收藏品

从 20 世纪 40 年代起，打字机由机械款向电子款过渡，并在 20 世纪 80 年代个人电脑兴起后，逐渐退出历史舞台。但这些精妙的机器并没有静静地待在博物馆一角落满灰尘，而是在热爱它们的收藏者身边继续大放异彩。美国佐治亚州的一位退休数学家、系统架构师汤姆·雷科普夫，有一个别名"打字员汤姆"。他在 30 年间默默收藏了约 400 台打字机，其中还包括一系列修复款。除了一部分供自己日常使用，他还出售一部分打字机给其他爱好者，也向学校和娱乐产业捐赠。剧院舞台上和影视剧里那些令人眼前一亮的老物件，很有可能就来自汤姆的收藏。

汤姆对于打字机的爱源于他的审美观，而非传统印象中的怀旧感或是抵触数字化。他说："对我而言，我不需要美化或浪漫化写作过程。打字机已不再是工具，而逐渐成为艺术品，有些甚至可以从观赏雕塑作品的角度去欣赏。"虽然汤姆时不时也会使用一部分他的藏品打字机，但更多时候，只是纯粹欣赏它们的美。"你不必有使用它们的压力，可以像我常常做的那样，静静坐下，专注于欣赏它们的美。"

对打印的热爱

归功于（也略微讽刺）互联网和社交媒体的发达，打字机收藏者的人数不断攀升，大家通过网络分享经验、交易藏品或者展示珍品。这反过来又吸引了年轻一代的打字机爱好者加入到收藏大军中，这些年轻人的父母本身可能都出生于电子打字机风靡的时代之后，对打字机也了解甚浅。

许多对打字机怀抱兴趣的人会前往爱丁堡，到汤姆的书店里感受一番。有些人是第一次接触打字机，而有些人则激动于再次触摸到这经年往事里最美好的回忆。汤姆发现，大多数时候，人们只是在店里随意看看，了解打字机的工作原理；但也有一部分人，依然享受着使用打字机的愉悦，"还有些旅人，将打字机用于更传统和更实用的目的，比如给家里写信、写文章、写诗、给艺术作品或杂志添加文字"。

长期以来，汤姆一直使用打字机写信与写小说，但直到在巴黎一家书店工作时，因为日常接触修复废弃或损坏打字机的任务，这个习惯逐渐演变成爱好。汤姆在网上建了一个博客来记录这项工作，引起巨大反响，博客被亲切地命名为"打错字了"（Typewrongers）。汤姆开玩笑补充道："因为在我修复它们之前，打出来的只有错字。"回到英国后，汤姆特意用此名字作为书店名，它契合书店古灵精怪的风格。

偶像的偶像

还有一位汤姆，同样对这不起眼的机器倾注热血。好莱坞传奇影帝汤姆·汉克斯，从少年时代就开始收藏打字机，迄今已收藏超过 100 台。他对打字机的魅力有如下描述："每次使用打字机印出来的东西，都是独一无二的艺术品。"

在了解到汤姆·汉克斯是自己的同好之后，爱丁堡书店的汤姆给这位同名的好莱坞巨星写了一封信，谈论两人对打字机的共同热爱，之后他收到了一封用打字机打的精美回信。汤姆·汉克斯在回信一开头便毫无保留地表达了自己的热忱："汤姆·霍奇斯，你是我的英雄！"汤姆·汉克斯对打字机的热爱也体现在他的首部短篇小说集《天才打字机》（*Uncommon Type*）中，小说中不同角色之间的联系源于一台打字机。这位著名演员甚至还开发了一款应用程序，用户可以在虚拟的传统打字机上用老式字体打字，同时伴随着真实的键盘敲击声效。

扫除烦恼的敲击声

在一个数字信息过载的世界里，有时简简单单在一张清脆干净的白纸上敲下心中字句，能让人重燃对文字的热情。为所爱之人写下千言万语，或是毫不在意内容地随心打字，那一两个小时里单纯敲击键盘的体验既纯粹又乐趣无穷。◈

打字机演化史

从笨重装置到趣味创新，打字机演化史已刻入历史长河，不可磨灭。

1. **哥伦比亚 1 号**
纽约制表师查尔斯·斯皮罗在 19 世纪 80 年代发明了哥伦比亚 1 号打字机，这是一款在本书第 37 页介绍过的早期圆盘转动型打字机，售价 30 美元，相当于当时平均年薪的一半左右。

2. **奥利维蒂·利特拉 22 号**
来自意大利的奥利维蒂·利特拉 22 号是首款便携式打字机，配有专属便携箱。这个设计一经推出便风靡市场，世界各地的制造商很快便纷纷推出类似产品。

3. **佩提特 990 儿童打字机**
儿童模仿父母的渴望，催生了玩具打字机。20 世纪 50 年代，佩提特儿童打字机甫经问世便大受欢迎，之后三十多年销量过百万。

4. **兄弟牌文字处理器**
从 20 世纪 80 年代开始，打字机从传统机械式开始向电子化、计算机式的文字处理器转型。在个人电脑仍是奢侈品的年代，兄弟牌文字处理器是家用打字和文字处理的最佳工具。

5. **乐高创意打字机模型**
乐高创意系列的打字机模型在 2021 年推出，是英国一位乐高爱好者参加一场由教育益智玩具品牌举办的竞赛设计的。乐高迷受邀提交未来打字机模型的设计创意，并由大众乐高迷投票表决，最终入选的模型设计包含 2000 多块零部件，组装耗时 6 ~ 12 个小时，完成后的模型从轨道移动到打字声效都与老式打字机无异。

Brother word processor
OLIVETTI LETTERA 22
Columbia 1
Petite 990
LEGO ideas
Petite 990

 *living* ————

生命的另一种形式

作者：

卡罗尔·安妮·斯特兰奇
Carol Anne Strange

生命绵长的树木也有寿终正寝时，但枯萎的树木却仍能延续其在自然界中的存在价值。

绝大多数的树木都有数百年的寿命，在街边、公园里或乡村小道旁静静矗立，仿佛永不疲惫的哨兵，默默成长、历经风雨、穿越时光的长河，让人误以为它们会永垂不朽。我们总是以为某个地方那一棵熟悉的橡树、山毛榉或是白蜡树，理所应当会在那里直至天荒地老。因此当有一天，突然发现它死去了，我们会有一种猝不及防失去了心爱的老物件的感觉，深深伤感。但死去的树木仍在原地留存，有些树干会变得中空，它们会以另一种形式存在于这个世界中。

43

树在人类社会中用途极广，贡献极大。我们常常需要木材来建造房屋、制作家具、造纸、生产包装盒或者高韧性纤维。它也是木炭等燃料的来源。但那些未被砍伐、死于原生地的树木，包括因为疾病、污染、极端天气而死或者是"寿终正寝"的树木，又有何不同呢？

虽然这些枯木表面看起来不是濒死便是枯萎，但其实它们仍与生命活力息息相关。这些终年矗立在原地的枯木，枝杈光秃，有些甚至树皮剥脱，仿佛灰白的幽灵般毫无生机，但它们却成为同一片土地上无数动物得以栖息的家园。乌鸦、秃鹫和苍鹰在吱呀作响的枯枝上小憩；而从啄木鸟到猫头鹰，从松鼠到蝙蝠和老鼠，各种鸟类与小型哺乳动物都在树干的缝隙或蚀空的树洞中，找到了临时的避难所；如果靠近树根的地方有较大的树洞，连狐狸也会选择藏身其中；而那些被连根拔起倒地而亡的树，或是砍伐后留下的树桩，它们枯萎的树根简直是无数昆虫与两栖动物的完美居所。

苏格兰再野化慈善组织"生命之树"（Trees for Life）的高级生态学家詹姆斯·雷尼表示："自从 3.5 亿年前地球上出现第一棵树开始，枯木就已经成为林地生态系统的重要组成部分。大量物种由此进化到能充分利用枯木资源，包括生长在枯木上的腐木细菌、真菌和地衣，以腐败菌为食的昆虫和在树洞中筑巢安家的鸟类与各种哺乳动物。这反过来促进了腐烂过程，枯木分解，零落成泥滋养大地。而倒地而亡的大树在树木再生上还能有所助益，比如一些针叶树通常从倒地的枯木上再生，枯木裸露在地面上的巨大树根能够保护新生的树苗。"

正是基于此，许多林地保护组织会确保枯木和倒地而亡的大树能够留在原地自然分解。位于尼斯湖以西的格雷恩莫里斯顿"生命之树"再野化旗舰庄园的邓德雷根庄园里，所有枯死的树木都在其倒下的原地自然腐烂，无论死因是老化还是恶劣的雷暴袭击。庄园运营经理道格·吉尔伯特举例道："我们最近刚刚'催熟'了（一种有目的地让衰老的树死亡的技术）庄园里一棵老落叶松，为本地的蝙蝠种群提供新的栖息地。

本地的蝙蝠品种繁多，包括棕色长耳蝙蝠、那氏鼠耳蝠、高音伏翼蝙蝠、普通伏翼蝙蝠和水鼠耳蝠等。而濒死的树木和枯木还能为蝙蝠以外的各种物种提供所需，啄木鸟在腐烂的树干上寻找幼虫，真菌从腐烂的木材中生长起来，再释放养分返还至周边环境，数以万计的昆虫也依赖腐败木材获取养分。因此我们认为，枯木是再野化过程中不可替代的重要角色，它们为其他

生物提供食物与养分，支持与促进生态系统的健康运转，同时又吸引了其他野生动植物的回归与茁壮成长。"

死去的树木对生命的贡献，并不亚于它们蓬勃繁茂的时候。美国林务局的一项调查数据显示，至少有 1 200 种动物种群依赖枯木、濒死树木或腐烂空心的树洞生存。更重要的是，枯木分解所释放的养分会渗透进土壤中，反哺新一代植物生长。不过对于一棵树而言，死亡是一个漫长的过程。

道格说："一棵树自然腐烂所需的时间，取决于树的种类、大小和它倒下的位置。通常来说，树在苏格兰西部湿润地区的腐烂速度会快于在干燥的东部地区的腐烂速度。一棵倒下的桦树只需10 ~ 20 年就能腐烂分解，特别是如果它倒下的地方刚好有水，或是倒在裸露的土壤上，那样更利于真菌的生长。但其他种类的树木则会需要更长时间才会腐烂，就如那句老话所言——一棵橡树，花 300 年生长，300 年存活，300 年死去。"

再生

大自然总是充满奇迹。树具有惊人的适应性，一些耐寒的树种甚至可以在最严酷的环境下存活。有时候，一些看似因为干旱、雷击或极端环境影响而死去的树，能奇迹般起死回生，比如森林大火之后，一些根系脉络发达的植物还能重新发芽。一些根系半裸露在外的树，如果没有人为影响，留在原地，也有可能继续生长，开枝散叶并结果。

事实上，如果一棵濒死之树的根系仍然健康，从树桩中冒出新芽也很常见。当榆树或白蜡树生病时，为了防止疾病传播的人工砍伐在所难免，但徒留大片的残桩总令见者心碎，幸好有这再生的景象予人以安慰。这些嶙峋干枯的枝杈或横亘在地的树身，展现出超凡脱俗的自然。❀

生活

自然的馈赠

枯木雕塑与图腾带你感受艺术与自然结合的魅力。

除了昆虫、两栖动物和小型哺乳动物对枯木的依赖，艺术家也早就发现了这种自然遗留物独特的美。来自英国北威尔士地区的西蒙·奥洛克便因其精彩绝伦的树雕作品赢得了国内外的一系列大奖。

西蒙对树桩、枯木和任何自然掉落的木材都十分着迷，不同于其他插画专业的毕业生，他接受了专业的木材处理训练，发现自己也很擅长使用电锯将木材转化为艺术品，因此选择了环境艺术这一相对冷门的领域。西蒙说："看到那些原本仅能用作燃料或园艺装饰的木材，在我手中变成一件件艺术品，真的太令人激动了。同时，对木材了解越多，越能发现它们的珍贵之处和代表的深意。"

西蒙的雕塑作品包括狮子、鸟类、巫师、龙和各种仙女，而他的人物塑像的灵感则来源于法国著名雕塑家奥古斯特·罗丹。他带着锯子在世界各地找寻可供创作的枯木，并深深感动于一个事实：一件有

图片提供：西蒙·奥罗克SIMON O'ROURKE

破坏性的工具，实际却能创造美。这种原地创作的方式，能最大程度地将枯木或濒死之树保留在自然界。

西蒙表示，树雕是一个有机但复杂的过程。"体形巨大的树通常最具挑战性，需要你提前做好更多计划，当你站在一棵巨大的枯树边时，很难想象出作品定型后的全貌。比如我的其中一个作品，一只巨型的'手'（见右上图），创作时最大的难点就是刻画掌纹，同时还要兼顾合理的手部比例。"

这些以枯木为材料的树雕作品，与活生生的树一样寿命有限。西蒙解释："一些品种的树，比如橡树、雪松、欧洲栗和红杉，依据不同环境，至少能保存

50年甚至更长；而另一些品种，比如梧桐、山毛榉、杨树、桦树和七叶树则无法在户外长期存留。"但如果木雕被保存在室内，则几乎不用担心它的"保质期"。"我见过一些已经有400多年历史的椴木木雕，在室内依然美丽如初。"西蒙补充道。

但将木雕保留在它们的原生地，有一种特殊的魔力。想象一下，在林间漫步时，不小心绊了一跤，抬头一看，竟是一座树雕，该有多么惊喜。无论生机勃勃抑或朽木凋零，所有的树都令我们敬畏与钦佩。

插画：安吉塔·曼奴佳 ANKITA MANUJA

 *living* ────────

迎接爱与暖之光

作者：
金·班西
Kim Bansi

排灯节，照亮生命的每一日。

每年的排灯节，是世界各地的锡克教徒、印度教徒和耆那教徒相当重视的一个节日，因为它象征着黑暗无法遮蔽的光明，邪恶无法战胜的正义，无知无法愚弄的智慧。虽然不同的教派都有自己独特的庆祝方式，但点燃蜡烛或油灯用以祈福则是家家户户都要进行的仪式。在温暖的光中，亲友欢聚一堂，畅享盛宴。

起源于南亚次大陆的排灯节虽然时间上在每年10月到11月之间，但其代表繁荣与自省的核心却能贯穿每年始终。下面请跟我们一起来走近排灯节吧。

排灯节的由来

印度教传统中，有不少关于排灯节由来的传说，其中最著名的便是罗摩和妻子悉多的故事。印度神话中，魔王罗波那绑架了悉多，最终被罗摩打败。排灯节即是悉多与罗摩失散 14 年后，一起回归故里的日子。那一日，家家户户点亮路两旁的灯盏，为两人照亮回家的路。"排灯节"一词源于梵语，大意为"一排排点亮的灯"，也称屠妖节，象征着正义战胜了邪恶。另一个与排灯节有关的故事，则是纪念克里希那除无恶不作的魔王纳拉卡苏拉的日子。纳拉卡苏拉对任何胆敢反抗他的人都施以严厉的惩罚。在杀死魔王后，克里希那宣布了一天的庆祝活动。排灯节庆祝与分享的核心，便是惩恶扬善。

而锡克教族群中，排灯节这天名为 Bandi Chhor Divas，即"释囚日"，纪念锡克教第六代古鲁哈尔·哥宾德与 52 位印度王子从冤狱中被释放。哈尔·哥宾德古鲁坚持只有他的狱友都重获自

> "如果我们能够学会开放心态、积极热忱且更加珍爱自己，那么我们便能点燃内在的火焰，锻造出心灵磁石，将爱传播给身边的每一个人。"
>
> 普纳姆·杜弗

由，他才会走出监狱。但莫卧儿王朝君主并不愿意释放囚徒，于是下令，只有抓住古鲁的披风，才可以与他一同出狱。哈尔·哥宾德古鲁毫不慌张，他委托特制了一件外套，缀有 52 根流苏，让他的 52 名狱友们同时抓住，一起重获自由。

据说当哈尔·哥宾德古鲁回家时，排灯节早已进入庆祝的高潮阶段，因此对锡克教徒而言，排灯节与"释囚日"纪念是分开庆祝的，但两者同时进行。这个故事提醒了锡克教徒坚持正义的力量。

耆那教教义中，个体的目标便是寻得灵魂的解放。教众在排灯节这日也加入庆祝，燃烛点灯，用光明纪念公元 6 世纪时的精神导师、教中最新一位"祖师"马哈维拉的无所不知与在这一天获得"自由"的灵魂。

增强心灵力量

与排灯节有关的故事，主旨都在于庆祝世间的真善美，让我们在这负面新闻铺天盖地的时代，从忙碌琐碎的日常中抬起头，追随差一点就被遗忘的美好之光。

印度锡克教的旁遮普女性普纳姆·杜弗，创立了 YSM8，重新定义何为自我关怀，普及冥想的概念，帮助人们拥抱完整的自我。作为一名身心教练和引导师，普纳姆在工作中引入了锡克教的精神核心，认为排灯节与"释囚日"的传说故事能在当下的寻常生活中给人们以启发和力量。她说："排灯节等节日所传递的核心理念具有多面性和普适价值，引导我们认识到自我意识的重要性，让我们能够直面生活中的困难与挑战，追求真理与正义，化解我们心中消极的黑暗面，不被欲望、依恋、自负、贪婪和愤怒所裹挟。同时这些理念也提醒我们，人与人之间互相支持、反抗压迫、争取自由是全人类共同的责任。"

任何庆祝排灯节的活动重心，都体现在光的展示上，比如焰火表演和以蜡烛装点房屋。许多人还会更进一步，在这一天自省，思考如何滋养心灵之光。当你深陷黑暗时，也随时可以通过这种练习，找回生命的亮光，修复自我，走出黑暗。

普纳姆说道："当我们保持正直诚实，秉持正确的价值观，感恩一切所学、所得与所失，不攀比，不狭隘，我们便能滋养心灵之光。如果我们能够学会开放心态、积极热忱且更加珍爱自己，那么我们便能点燃内在的火焰，锻造出心灵磁石，将爱传播给身边的每一个人。"

不过，有规律地练习自我关怀与感恩并非易事，因此，普纳姆建议可以从细微处入手。"日常生活中，我们可以花一点时间，通过调节自己的身体，关注能引发我们充盈生命活力、点燃内心火苗感觉的地方，静待微小的奇迹发生。我们要保持好奇心、有趣度，对一切新事物敞开怀抱，不要故步自封。"这是如何理解排灯节的启迪并运用于实际生活的一个好例子，静观与调节自我，找寻并重新点燃内心快要奄奄一息的火苗，让自己找回旧日激情，不再止步不前。

回归仪式感

庆祝排灯节的另一个重要组成部分便是传统仪式，无论是去谒师所或是佛寺祭拜，还是装饰自己的家，举行传统仪式都能令人感到踏实。这些充满仪式感的方式，既可以在特殊的日子里进行，也可以贯穿全年加以练习。事实上，普纳姆认为，每天持守一些固定的传统仪式能有效减轻日常生活的压力。

她说："每日虔诚投入、知行合一地进行传统仪式练习，回馈我们敬意的是足以改变生活的强大力量。仪式的重复性让我们的身心在熟悉的模式中感到安全、舒适、平静与踏实。传统仪式是一个古老的工具，帮助我们在瞬息万变的世界保持坚韧与连接感。每天早晚，我都会点燃一支蜡烛，让自己沉静下来，关注自我，重新充盈生命的力量。"

自省与更新

生活的方方面面都能受益于排灯节的理念与价值观。锡克教圣书《古鲁·格兰特·沙哈卜》中写道："当灯被点亮，黑暗消散；当知识之光亮起，无知消散。"无论是更加关注心灵之光的培养，还是坚持日常的传统仪式练习，排灯节其实点亮了我们生活的每一天。🦚

相信从这里出发，能到达更远的海岸。

——谢默斯·希尼

正念
MINDFULNESS

"保持好奇，但切莫妄加评判。"

沃尔特·惠特曼

 mindfulness ————————

你是否总在"挑剔"他人？

人们很难避免对自己或他人"品头论足"，评判行为为何产生，
何时又需要有所收敛呢？

作者：
伊冯·加万
Yvonne Gavan

俗话说："每个人都按自己的思维与价值划分世界。"人人都有评判他人的倾
向。这种倾向在现代社会越发明显，人们在无数问题上都容易陷入两极分化，
在自认为正确的"阵营"里坚守到底。坚持"确定性"是一种心理陷阱，人在
不确定的环境中更容易落入陷阱，苦苦寻找所谓的踏实与确定。然而，坚持评
判心态，虽然看起来令人欣慰，却往往通向消极负面。同时，这也是一个不容
易撼动的习惯。

这或许源于在我们血液里流淌了数千年的自我保护的原始认知，智人尚在狩猎
采集的时代就将每一个刺激信号分为好或坏，威胁性或非威胁性，长此以往，
人类便养成了始终处于判断模式的习惯。在原始社会，这种将差异视为威胁的
自适应方式是生存必需，但在现代社会，却可能是种障碍。

插画：克里斯蒂娜·S·朱 CHRISTINA S. ZHU

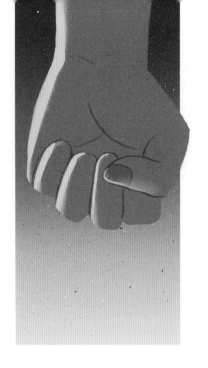

个体反思

但是什么强化了当下社会非黑即白的"判定性"思维呢？英国自杀防止与干预中心撒玛利亚会出版的《如何倾听：在最需要的时刻如何开启对话》（*How to Listen: Tools for Opening Up Conversations When it Matters Most*）一书中对此进行了探讨，作者凯蒂·哥伦布认为形成这种思维的很大一部分原因来自一个人的童年环境。家长或监护人通常鼓励儿童接纳自己的意见与观点，并依此形成价值观。当遇到价值观相左的情况时，便会觉得自己受到了挑战与冒犯。这种感觉反过来又会让人很难接纳相异的观点与看法。

凯蒂说："当我们遇到与自己理念不合的人或事时，往往容易烦躁愤怒，这是因为我们为内心的震荡所侵扰，无法真正聆听他人的倾诉。一

个好的倾听者，不应当主观臆断，应当给讲述者发言权，让他们毫无顾忌地倾诉，并学会不要介入判断。"

自我评判

与他人沟通时，保持不评判的客观心态的关键在于对每个人的不同理念都保持好奇，在质疑他人时保持尊重。但是，当自己陷入困境时，你能够客观倾听自己的心声吗？电台主持人、作家和戒酒俱乐部（The Sober Club）创始人珍妮·李·格蕾丝曾经像许多被自我评判绑架的人一样，不断挣扎在控制饮酒量和放弃控制的循环怪圈里，很难跳脱。她说："我曾经是一个典型的'灰色地带'饮酒者，虽没到严重酗酒的程度，但每天都需要喝上一点。对自己的厌恶让我几乎每天凌晨3点都会惊醒，开始对自己施加各种批判。但最终我还是放弃了，因为我实在无法

承受对自己的攻击型评判。我为自己多年不自控的喝酒史羞愧难当。我意识到在孩子年幼时，自己没有尽到一个母亲的责任，这个发现对我冲击极大；但我善良的朋友们并不知晓我的无措，还埋怨我不再和他们一起小酌怡情了，于是我又一口气喝了六杯。"

如何改善

心理治疗师劳拉·威考特表示，虽然很难，但我们仍有可能摆脱这种评判性思维模式，关键就在于我们是否有意愿跳出个人价值观的桎梏，认真审视隐藏在评判性思维后的情感，比如恐惧、自我怀疑和嫉妒。劳拉说："评判他人、下定义、扣帽子能让人产生一瞬间的优越感。但如果停下来，反思这个过程，我们会发现这种行为的背后可能不止一种原因。也许是我们自己害怕被评判，因此迅速对他人加以评判，就

像迅速建立起一堵自我保护的高墙，不让自己被评判伤害。"

她补充说，这种反应通常源于不自信，认为自己不够完美，却无法自我接纳。劳拉说："面对现实会令自己痛苦，因此我们选择转而'挑剔'他人。还有一种情况是，我们会因为某个人的所得所获而怨恨嫉妒，于是本能地去寻找这个人的问题或错误，以此来安慰自己。"

想要温和有效地跳脱出评判性思维——无论是评判自己还是他人——关键都在于能及时发现自己评判性思维的苗头。正念教师、催眠治疗师和意识转化教练阿尼·纳克维认为，入门者可以选择冥想来帮助自己提高这种觉察力。阿尼说："冥想能提高自己对思维和感知的觉察力，并最终建立新的神经可塑性。"她强调有规律的练习才能

让我们慢慢摆脱评判性思维定式，"如果你每天花 10 分钟静坐冥想，你就能渐渐改变思维，最终，你会摆脱固有的思维模式，更懂得如何珍惜与爱护自己和他人。要知道，我们都是彼此的镜子，映照出彼此的需要"。

最后，还有很重要的一点，摆脱评判性思维并不意味着我们对自己或他人的所思所想永远只能赞同，不能反对。厌恶性地评判和理智地辨别是非是截然不同的，前者是从本质上否定自己或他人，后者则说明你能明确自己经历的事情或实施的行为会造成伤害，比如当你看到有人随地倾倒垃圾破坏环境时，产生的评判就很正常。

我们培养谦卑之心，要记住所有的信念和以此为导向的行为，都源于当事人身处的环境。正如心理学家、《减少恐惧：如何做一个保持自我的人生赢家》（*Fear Less: How to Win at Life Without Losing Yourself*）一书作者皮帕·格兰杰所说："在任何具体情境中的行为都是有意义的，哪怕行为本身并不正确。"因此，每当你感到内心批判的声音将要响起时，你能更好地理解自己并走出困境：评判的冲动源于痛苦，如果能用多一点的爱与善意去拥抱它，你将收获非评判性思维馈赠的礼物。🌀

正念的坚实力量

心理治疗师劳拉告诉我们，正念如何帮助我们理解自己何时及为何使用评判性思维。专注于当下，我们就能注意到自己的感受和说出的话，还能帮助我们更容易以客观的角度来观察自己的反应。尝试以下练习，有助于建立更为客观的思维方式：

- 回想一下，你一般是什么时候采用评判性思维，可以是你对所见所闻的反应，或是你产生自我评判的一个例子。

- 当你辨别由此引发的外显感受时，表面上你可能看到了愤怒、厌恶或沮丧，但如果继续深入探究，你会发现这些情感背后还有更难辨别的其他感受。

- 有一种称为感受圆盘（feeling wheel）的工具，在网上很容易找到相关图片，能够帮助你明确正在影响你的各种感受。

- 一旦你认知到了评判性思维背后的感情，以及可能的触发原因，你就可以明确那一刻自己真正的需要是什么并自我关怀。

- 与自己及那些引发你批判的人共情，意味着你正慢慢转变自己的"挑剔"思维，通过减少这种破坏性的负面思维循环，你会更容易接纳自己，同时也就更容易接纳他人。

插画：娜塔莎·鲍姆加特纳 NATASCHA BAUMGARTNER

mindfulness —————

拥抱忧郁情绪

作者：
伊丽莎白·贝内特
Elizabeth Bennett

人们通常尽力避免忧郁，其实它并非一无是处，
它甚至还可能对健康有益处。

"忧郁"一词通常会让你想起什么？阴雨天、晦暗色彩和哀伤的音乐？字典里对于"忧郁"一词的定义是："无缘由的长期悲伤"。在西方社会，人们总是将"幸福"当成终极追求目标，而"忧郁"并不受主流欢迎。因此越来越多对心理健康的讨论正在不断改善人们对抑郁的态度，但人们对与严重疾病并不相关的"忧郁"仍经常闭口不谈。

如何改变观念

苏珊·凯恩的新书专门就此展开讨论，希望能改变这种传统的认知。她在自己2012 年的畅销书《安静：内向性格的竞争力》（*Quiet: The Power of Introverts in a World That Can't Stop Talking*）中重塑了对"内向"的诠释，同时在其《苦乐参半》（*Bittersweet: How Sorrow and Longing Make Us Whole*）一书中试图引发人们对"忧郁"的深度思考。苏珊在书中探索着这种苦乐参半的人生力量，将这种涵盖了"忧郁"情感的心态总结为下述两种：

1. 倾向于感受悲伤与憧憬，对时间流逝和美高度敏感，欢欣于美的存在，同时又为其转瞬即逝的宿命而心哀。
2. 承认生命的二元性，清晰认知到光与暗的对应，生与死的循环，以及美与苦难的相辅相成。

苏珊认为，从某种程度而言，忧郁和苦乐参半的概念是近似的。她说："在我的定义中，忧郁是指清醒意识到幸福与悲伤总是相伴而生，意识到我们所爱之人、所恋之物都无法永恒，而拥有这种认知却能给我们带来美、创造力、联结和超越。"我们切不可将忧郁和悲伤混为一谈，悲伤通常与特定的事件或境遇有关，而忧郁则更多是一种温和但持续的心态，不激烈也不冲动。感受忧郁，并非未经幸福欢乐；感受忧郁，只是因为能在接纳生命二元性的前提下，用长远的目光看待问题。

生活中的一部分

在《安静：内向性格的竞争力》一书中，苏珊使用了"外向者—内向者谱系"帮助读者理解两类人的不同特点，她认为，有些人天然就比其他人更容易有忧郁倾向。许多人必须经过生活的锤炼，随着年龄与智慧的增长才能了解"生活不易"的现实，而有些人天生具有"自省"的特质，很早就意识到了现实常常"骨感"的真相。人们常把这种思维视作消极，但苏珊却认为接纳这种自然思维方式是找到真我和以真实方式生活的关键（参见第66页）。事实上，那些刻意压抑忧郁倾向的人，可能恰恰最需要这种思维。

回避忧郁的现实

想要遏制或恐惧忧郁情绪十分正常。苏珊认为"避免忧郁"的源头在于我们的社会文化将生活塑造成了一场争赢斗胜的游戏。"我们从小被灌输的观念，让我们只用'人生赢家'或'失败者'的角度来看待自己和他人。我们无法全面地看待完整人生必然充斥着光与影，爱与丧，"苏珊说，"我们越是害怕失败，就越会刻意避免产生任意与失落、渴望、悲伤、脆弱等相关的情感或情绪。"

生活教练朱莉·伦纳德也持相同观点，认为是社会环境导致了人们无法接纳忧郁情绪或对此感到羞耻。她指出，尤其是英国这类社会主流文化仍然赞赏坚忍不拔的国家，忧郁是很难被客观看待的。"我们从小就被教育，不能关注自己的负面情感，"朱莉说，"有多少次，你听到的都是'加把劲儿，振作起来''保持微笑''男儿有泪不轻弹'或者'打起精神来吧'。我们习惯了不要表达，或者已经无法表达负面与消极的情感。"

否定忧郁情感其实很危险

然而，光明与阴暗在完整的人生中缺一不可。没有人的一生是一帆风顺的，忽视或否认这一点的心态并不健康。"我们想要拥抱完整真实的自我，了解他人全部的经历，只有完整真实的世界才能与我们有效联结，"苏珊说，"我们不需要假装伪饰的自我，也不希望看见的只是我们想象中的世界。"

朱莉强调，压抑或否认真实存在的情感可能带来超乎想象的伤害。"压抑情绪，将负面情感深埋心底，对我们的身心健康毫无益处。忽略它们，假装它们不存在，但它们依然在我们的内心深处如影随形，直到最终导致慢性的身心疾病。"朱莉表示，没有永远幸福的人，"一个幸福的人，

不仅能体验积极情感，还能处理情感谱系中任何困难与艰辛的体验"。

这一领域的研究成果也充分支持这个观点。研究表明，情感多样性，即一天中感受多种多样的情绪，是身心健康的一项重要指标。情绪感受阈值更大的人，较少受身体或心理上的健康问题困扰。同时，研究也揭示，当人们有意识地关注各种（可能是负面的）情绪时，其心理韧性也会显著增强。

看到这里，你明白该怎么做了吗？朱莉说："如果你想要的生活，是富含意义、目标清晰、联结紧密、爱意满盈的，那就拥抱生活的全部吧，无论好坏，不分苦乐。" Ⓥ

SHAME

GRIEF

SADNESS

FEAR

DISGUST

如何认识忧郁感，与之和谐共存，
并尽享健康的人生

接纳忧郁感，是一个需要长期学习的过程。苏珊和朱莉的一些建议也许可以帮助你
更好地推进这一过程。

苏珊的建议

拥抱创造力

直面不得不承受的苦痛，将其转化为创造力的源泉，无论音乐、美术、自然，或是任何你喜欢的领域，转忧成美。

在人际关系中寻找慰藉

在这个共享荣光与蒙昧的世界，与他人保持联结。

每日晨间小练习

每日之晨，始于美。听音乐，在院子里、阳台上静享一杯清茶，选择自己喜欢的方式开启每一天。比如我会每天早上浏览艺术作品，并选出当天最心仪的在社交媒体上分享。

尝试表达性创作

花几分钟时间，写下困扰自己的事情或想法，不用考虑写作技巧。写完之后马上撕掉也无妨。这种表达情感的行为有变革意义。美国得克萨斯大学心理学家詹姆斯·彭尼贝克研究发现，表达性书写不仅能促进身心健康，还能有效降低血压，帮助人们更好地投入工作，并取得成功。

朱莉的建议

忧郁情绪，人皆有之

认知到忧郁等情绪，是人之常情，每个人都会经历，你并非例外。

对自己仁慈

像善待朋友一样善待自己，对自己多一些仁慈、耐心、理解与包容。保持正念，尽可能活在当下，避免陷入过度思虑的陷阱。

给自己处理思绪和情感的空间

通过写日记，冥想或是与朋友交谈来厘清思路，处理情绪。回忆一下往昔是否有过类似的情感困境，以及自己是如何调节的。内省，了解自己从过往经历中学到什么，困难往往也是改变与成长的催化剂。

需要时，请及时寻求帮助

如果你尝试过各种调节方法后，依然无法缓解，请及时向专业治疗师寻求帮助，在安全环境中共同解开情感的麻团。

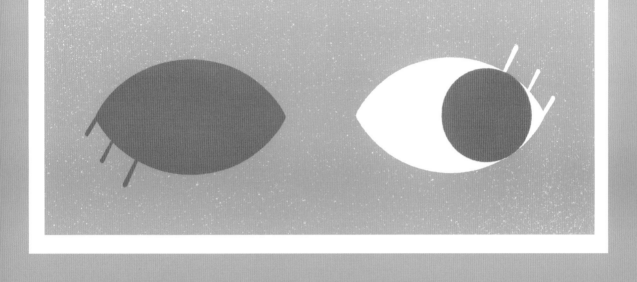

插画：汉娜·瑟德霍尔姆 HANNA SÖDERHOLM

 mindfulness ————————

敏感是一种能力

作者：

利娅·拉伍德
Leah Larwood

世俗标准里，敏感通常代表脆弱，不被认可；深入了解敏感，你会发现它的价值与重要性。

你如何感知世界与他人？你是否总能深入思考与感受周边事物，随时能捕捉到别人不经意就错过的细枝末节？也容易轻易发觉他人的情感起伏变化？也许你的自我定义就是内心丰富活跃的人？如果上述问题，你的回答中肯定居多，那么你很可能就是高度敏感者（HSP）的一员。

高度敏感者这一术语，由美国临床心理学家伊莱恩·阿伦于 1996 年在其著作《天生敏感》（*The Highly Sensitive Person*）中提出，用以描述人群中 20% ～ 30% 的人，他们的思考和情感体验都深于他人，对感官刺激的反应也较他人灵敏。从社会层面而言，我们常常试图弱化甚至贬低敏感性的存在，为它们贴上"脆弱"、"容易受伤"或"忧郁"的标签，却忽略了与敏感并存的其他高光品质，譬如洞察力、同理心与勤勉力等。

理解何为"高度敏感"

高度敏感者比普通人更容易注意到周遭环境中的微小细节，并会在深思熟虑之后才做出决断，采取行动。因此，高度敏感者通常直觉敏锐、创造力绝佳、同理心丰富，并且严谨认真。同时，他们也被动持续吸收大量信息，包括声音、触觉和运动等在内的感官刺激，有时候不免信息过载。不过，高度敏感人群并非特征单一，实际上敏感特性谱系广泛，没有两个完全相同的高度敏感者。每个高度敏感者敏感的事物不同，对同类事物的敏感程度也因人而异，不能用"一刀切"的方式进行归类。需要着重说明的是，高度敏感并非疾病，也不等同于内向。根据阿伦的研究数据，有 30% 左右的高度敏感者拥有外向型人格。

社会与文化的推动作用

不同的文化和社群，对敏感的认知大相径庭。高度敏感者在一些要求丰富同理心的职业或环境中优势显著。这些职业包括医务人员、教师、治疗师、精神领袖和临终关怀领域人士。《敏感：钝感世界中的情感力量》（*Sensitive: The Power of Feeling in a World that Doesn't*）一书作者汉娜·简·沃克也是一名高度敏感者，她深信"敏感"这一特质对社会助益良多。汉娜说："某些强调与人互动性工作的核心是同理心与关怀，但这些要求很少被明确点出。通常工作招聘的要求都集中于生产力和产出效能。如果我们的社会能够在工作要求中阐明敏感的重要性，也许能够推动文化迈向更先进的方向。"

在工作环境中、在与亲朋好友的相处中保持敏感，更敏锐地了解需求，是相当实用的重要技能，且由于感知体验并不局限于某个群体，非高度敏感者也能够通过增强敏感性练习提升技能。非高度敏感者对特定的事物或体验也具备敏感性，但感受方式则基于个人背景与过往经历，有别于高度敏感者的直接性感知。

一个高度敏感者的世界

试想一下，如果我们把高度敏感者与非高度敏感者的比例数据互换一下，前者占人口的70% ~ 80%，后者只有20% ~ 30%，世界又会是什么样的呢？也许现有的教育模式将会完全不同，会发展更多以儿童为中心的教育方法。也许大家对小众群体和少数派能有更多的理解与尊重，少一些成功学的理论。那时政治格局又会是什么样子？会更有效率吗？

那么世界还需要非高度敏感者吗？汉娜说："我们也非常需要非高度敏感者。这种思维方式不像高度敏感者那样时时深思熟虑，在我们需要做出重大决定、走出困境向前看或是解决难题和挑战时，会是更有效的方式。其实，无论是高度敏感者还是非高度敏感者，都是我们社会不可或缺的一部分。两类人精诚合作，非高度敏感者专注于执行策略，高度敏感者提供思路与支持，双方都能激发出另一方的最大潜能，最终在共同发展中达到共赢。两者都有不可取代的价值，这也是挑战所在，我们的社会应当为两种思维方式的和谐共存提供一个怎样的生态平衡呢？"

敏感是一种技能

可是，在一个不以敏感为荣的传统社会氛围中，如何才能实现转变呢？汉娜告诉我们，高度敏感性的缺失只是因为社会丛林法则的长期残酷竞争性造成的，其实敏感性也是一种技能，每个人都可以习得，也可以通过练习增强。她说："就像运动员练习跑步一样，敏感性也可以像肌肉一般通过练习得到增强。我们都能学会擅长观察与感知身处的环境，一间房间里的光线、声响、触觉变化，各种细微的差别，与人互动时的敏锐性等。这并非精神层面的思考，只是加强注意力与观察力的深度。觉察力是极有用的技能，高度敏感者能像无人机工作时一样，了解事物的全貌，掌握事物的细节，能从微观和宏观两个角度观察事物的发展，将重复出现的模式简化成清晰完整的思维图像。"

敏感是社会的财富

很明显，人类社会需要高度敏感者，他们极大地促进了社会凝聚力、人文关怀与社会洞察力的发展。对此汉娜总结道："想要创造一个积极向上的、建设性的社会，我们很需要考虑哪些技能是必备的。"

敏感性是人人都具备的技能，无关思维方式。敏感性能帮助我们保持灵活多样且平衡的思维。也许当社会政治领域的高度敏感者增多以后，敏感性就能更好地被普及。敏感，并非需要掩藏的丢人特性，而是一个人强韧的标志。 Ⓥ

自尊与敏感性

汉娜的个人总结。

我们身处一个对高度敏感人群善意不高的世界，人们普遍认为如果同一件事物、同一个情境，你比别人感受的细节更多，情感体验更强，那么你可能做错了什么。因此高度敏感者不得不尝试改变自己的思维和处事方式。可事实上，如果你不得不调节内心的直接感知与体验，不仅会消耗更多精力，也扭曲了自己的真实性。汉娜写道："高度敏感者对社会极具价值，若是他们不得不改变自己来适应社会，不仅对个人而言是种心理妥协，对社会来说也是一种损失。理解一个有效率的团队是由各种不同思维方式的人组成的事实十分重要，因为无论任何公司或社群，它们的受众也是多样化的。"

"被迫改变自己的倾向有百害而无一利，"汉娜继续写道，"最近我翻看了自己 20 岁出头时的照片，想起自己那时总是摇摇欲坠的自尊，时隔经年仍觉得痛苦。我所珍视的友谊、爱情和其他任何关系，都不是期许的样子。每当我想要深入谈论自己的

感受，对方的回应总是：'我不觉得我们的关系有什么问题，是你太敏感了。'于是我只能自责：'是的，你说的对，我应该想办法不要这么敏感。'尽管如今我已有了崭新的生活，但回顾那段时日，仍觉得人们对我'努力不敏感'而需要付出的坚强一无所知。"

汉娜总结道："同一个情境中，我发现其他人都反应平淡，只有我感受不同，我只能想是自己出了问题。我不敢告诉任何人，因为不想别人知道我有问题。直到后来我才意识到自己并没有问题。这段路蜿蜒曲折，幸好我走出来了。现在的我，宛若新生，我知道高度敏感只是真实自我的一部分，也了解我该如何倾听内心的需求并及时回应，泰然处之。"

mindfulness

支持高度敏感者的一些方法

- 每个高度敏感者的性格不尽相同。

- 高度敏感者很容易接收过载信息或刺激过度，最重要的是他们需要更多时间平复情绪。这类人洞察力良好、创造力超群且勤勉刻苦，但一定要为他们提供发挥能力的合适环境。

- 如果你预备办一场社交活动，无论工作需要或私人聚会，请尽量减少非必要的环境刺激，让各类人都能自得其乐。

- 如若既定安排将发生任何变化，请提前告知高度敏感者以便他们做好心理准备，明确清晰的沟通有助于他们更轻松愉快地适应新计划。

- 高度敏感者本身容易自省，当你需要给他们提供反馈时，请相对客观包容。

- 你们所在的环境是否拥挤、喧嚣、温度偏高或低、杂乱无序、异味刺鼻、光线刺眼？如果有条件，尽可能改善环境以防高度敏感者产生严重不适。

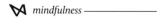 *mindfulness* —————————

依恋如影随形

作者:

阿霍娜·古哈

Ahona Guha

探究"安全基地"的定义，了解成年人如何建立自
己的"安全基地"。

插画：罗茜·拉克姆ROSIE RACKHAM

作为一个成年人，你可能很难想象，自己与全然无助、依赖他人提供基本生存所需的新生儿能有何共同点。但成年人与婴儿具有相同的神经生物学通路，因此都能够和最亲近之人建立联结。对新生儿来说，对食物、水和保暖的需求令他们非常依恋照顾者。对成年人而言，这些通路则支持任何两人间亲密关系的形成，包括友谊与爱情。

英国心理学家、精神病学家和精神分析师约翰·鲍尔比（1907~1990）是正式阐明人类从生理上和心理上都倾向于与照顾者缔结亲密关系组带的第一人。他将依恋描述为"一种基础的、基于生物学的动机系统，由进化选出，通过与主要照顾者保持亲近，得以生存"的倾向。如今通常被心理学研究人员和发展心理学理论家称为"依恋"，它以深层生物过程为基础。

依恋理论的生物学基础

催产素（通常也被称为"亲密关系激素"）和皮质醇（压力激素）是促进依恋关系形成的主要神经递质。尽管科学探索非常复杂，宝拉·奥利韦拉和帕斯科·费伦仍在 2019 年发表的论文《依恋的生物学基础》中揭示了研究结论：当婴儿与其照顾者分离时，其皮质醇水平通常会急剧升高。成年后仍旧无法建立良好依恋关系者，同样也具有高水平的压力激素。依恋是成年人之间能够形成与保持亲密关系的核心，同时也有助于调节情绪和压力水平。能够放心信任地对他人产生依恋，比如与伴侣、兄弟姐妹或知己密友能产生安全感与紧密联结感，可以减少压力反应。

专业研究人员指出，每个人最核心的依恋模式，通常在幼年时与照顾者的关系中逐渐发展与形成，并作用终生。安全型依恋模式的人较容易与他人建立正常联结与亲密关系，在关系中很少焦虑。而焦虑型依恋模式的人，则容易对人际关系感到紧张，并对亲密关系极度渴望。焦虑型依恋的人在感到亲密关系中的另一方——譬如伴侣或朋友——疏远时，会不顾一切地想要把他拉回来。相反，还有一部分回避型依恋模式的人，他们往往很难与人建立亲密关系，热爱独处远胜于融入群体。当然，并不是每个人都适合这些类别，有些人可能同时具备不同依恋模式的某些特征。同时，依恋模式也可能发生转变。

举个例子，一个在冷漠、无趣的环境长大的人，小时候习惯了被照顾者拒绝或疏远，就很可能形成回避型依恋模式，总是宣称自己"非常独立""不需要任何人"。回避型依恋的人习惯拒人于千里之外，与人发生争执时首选逃避，封闭自己的内心，不表达感受，不分享情绪，也很难建立亲密关系。自始至终，他们可能产生四面楚歌的孤立感。

依恋关系中还包含了"安全基地"的概念。安全基地，即我们通常所说的"避风港"，进，可毫无顾忌地冒险，探索世界；退，就能回到港湾为自己充电，感受滋养、呵护与放松。儿童的"安全基地"通常是自己的照顾者，而成年人的避风港则是伴侣、密友或值得信任的同事。

情绪与共同调节

研究表明，非良性的依恋模式与情绪障碍和压力紧密相连。人类遇到情绪困境时，最直接的方法之一便是向亲近之人寻求帮助，这被心理学家称为共同调节。共同调节让人能够身处亲密、温暖与支持性的环境中，通过有效互动来舒缓情绪，疏导困境带来的情绪障碍。这包括拥抱、赞美与认可，或者在痛苦的时候有一个冷静、支持你的人在场。

成年人自认为成熟，遇到情绪困境时，通常容易关注"自助"方向的调节方式，例如冥想、散步或者艺术疗愈，却容易忽略共同调节的重要性，特别在奉行个人主义的社会中，"自助者天助"成了主流的信条。但不要忽略共同调节的价值，作为"自助"能力的辅助器，它在身处困境时发挥的作用也不容小觑。

当你开始尝试学习如何使用共同调节时，首先，请思考并找出代表你的"安全基地"的人。他们通常是相识已久，能让你感到温暖、友善，并能全力支持你的人。对他们给予信任至关重要，这需要保证你能敞开心扉，并相信他们会待你如知己。常规而言，"安全基地"可以是伴侣、密友、可信赖的同事，有时候甚至宠物也可以成为选项之一。一般来说，本身容易受伤害，或是让你没有安全感的人都不是"安全基地"的优选。

其次，需要思考并总结出在情感困境时能有效帮助你舒缓的事情有哪些，而能共同完成这些事情的人又有哪些。譬如，当你发现自己与人激烈争执后，需要有人谈心，你需要找的是一位能与你共情且非常擅于沟通的好友。而如果你更喜欢非语言性的帮助和身体接触，那么可以选择心爱的伴侣，一位温柔亲切、喜欢与你亲昵的朋友，或者你的爱犬。言语交流对舒缓痛苦情绪很有帮助，却不是唯一有效的方法。共同调节的核心在于，帮助你的神经系统从平静、和缓的朋友那里吸收舒缓的信息，替代困扰你的痛苦情绪，从而恢复身心平衡。

同时也请记住，每个人都有自己的生活，有自己的悲欢离合需要面对，因此请包容他们无法或无暇提供帮助的时候。另外，也没有人会读心术，能随时猜中你的需要。因此，请保证你有一组"安全基地"的人选，在需要时可以向他们寻求帮助。你也应该尝试说明经历的具体痛苦，明确你需要的帮助类型，这样你便能构建基本的自我情绪管理技巧，能够认知并明确表达具体的情绪体验，了解解决问题的具体需要。虽然共同调节只是各种情绪管理方法中的一种，但如果使用得当，你和你的"安全基地"的人能够在深思熟虑的基础上交流与讨论，发挥它的最大功效，你将会受益匪浅。

创建共同调节工具箱

- 确认适合成为你的"安全基地"候选人的人员名单（包括宠物），最好不局限于一个人，而是选择一个小范围的群体，毕竟单独一个人无法满足你全方位的情感支持需求。

  请写下过往经历中你了解的、信任的、对你有所支持的人员名单。

  ....

  ....

- 思考一下，可能会让你陷入情绪困境的情感有哪些？当你萎靡不振时，"安全基地"提供的哪些方法能有效帮助你脱离困境？比如下列思路可供参考："我工作压力太大时，撸一撸狗就能满血复活了""我和另一半发生矛盾时，和朋友聊天能让我快速走出郁闷情绪"。

  请写下过往经历中最让你痛苦的情感体验，以及有效帮你走出低谷的方法。

  ....

  ....

- 学习如何有效表达自己的需求，并获得共同调节者的认可，比如你可以说"我现在觉得……（悲伤 / 痛苦 / 愤怒 / 恐惧），我想……（要一个拥抱 / 出门吃点冰激凌 / 和你静静躺一会儿）可能会有帮助，你愿意帮我吗？"

  请多写几个你觉得有用的表达脚本。

  ....

  ....

- 如果你的"安全基地"人员不能及时帮助你，想想你是否有其他方案？哪些活动能帮助你自我舒缓？比如你可以尝试有意识的呼吸、专业的冥想练习、做园艺、出门散步或者读本喜欢的书。

  请写下行之有效的替代型"自助"活动或方案。

  ....

  ....

  ....

积极怀旧指南

大脑复杂精妙，将经历存储成记忆，再制作成回忆长廊里的精美作品以供回放。可是一旦涉及与亲朋好友度过的美好时光，就容易记忆缺失，一片空白。这里有一些帮你顺利怀旧的好方法。

作者：
卡罗琳·帕滕登
Caroline Pattenden

洛娜有个回忆收纳盒，专门用来收集假期旅行留存的物品，包括博物馆门票存根、德国的电车通票、旅行地的地图，以及许多她会永远心仪的手工艺品。人们为什么会喜欢保留这些琐碎的小玩意儿呢？部分原因在于一种被称为"峰终定律"的心态。20 世纪 90 年代初，心理学家丹尼尔·卡尼曼和芭芭拉·弗雷德里克森的科研成果奠定了峰终定律的理论基础，这一术语也被用来表述大脑储存记忆的过程。

卡尼曼对峰终定律的定义如下："峰终定律是一种心理启发法（即形成判断或做出决定时采取的捷径），人们在判断一段经历时，主要依据感受峰值时（情绪最高涨时）和终值时的体验，而过程中的体验好坏、时长对此影响不大。"简言之，大脑只保存经历中最精彩片段的记忆，这些片段决定了我们对这段经历是否愉悦的认知。因此，我们才需要收集实际纪念品来填补这些片段间的记忆空白。

插画：玛丽安·F. 莫拉蒂诺斯MARIAN F. MORATINOS

mindfulness

怀旧感

虽然峰终定律清晰解释了大脑如何选取存储为记忆的经历，但仍无法完整说明为何人会有怀旧的倾向。怀旧，因为加深了伤春悲秋的情感体验，曾经被认为是一种心理疾病。然而现代研究揭示，人产生怀旧感，以及沉迷翻阅纪念品收纳盒与老照片等行为来体验怀旧感，是具有独特心理目的的。

存在主义心理学家克莱·劳特利奇在这一研究领域深耕多年。《怀旧感》(*Nostalgia*) 一书由他与美国心理协会合作编写，书中写道："当人们怀旧时，会体验到一种勃发的积极心理状态，譬如积极的情绪、社会连接感、自尊感、自我连续性，以及对生命的意义的认知。由于怀旧感能帮助人们体验积极情感，当人们体验负面情绪，比如孤独与虚无时，就会用怀旧感来缓解痛苦。"

怀旧感是一种有效的心理工具，它所刺激产生的积极情绪，有助于人们缓和消极情绪，恢复心态平衡。它不仅仅限于回顾愉快的假期或家庭聚会，还能在生活的更多领域进行积极转化。怀旧感能帮你通过细节更详尽地回忆你所获得的任何成就，比如曾经的参赛编号、上司的一封信或是当地报纸上的通告，这些都能帮你回忆起自己的收获。当你面对工作压力，开始产生情绪负担和无力感时，这些是你振作的动力。

沿着记忆的长廊缓步向前

对于那些不像洛娜一样收集经历中的重要纪念品的人来说，怀旧感又当如何发挥作用呢？当然，他们可以花时间回忆美好时光，并全然接受记忆中只留存峰终精彩。但纪念品其实形式多样，如果说一张票根是一场盛事的起点，那么演出结束后购买的纪念 T 恤或 CD 也是故事的一部分。

但感受美好回忆，只有怀旧感是不够的。脑海中要重现过往经历，主动回忆起那些人、那些地方以及那些场景与故事，还需要时间、主动意识与合适的环境。人们一旦进入自己的回忆之旅，就会渴望在回忆长廊里停留更久，深入更多。若是在回忆过程中被过快地拉回现实，会令人感到不快。只有循序渐进地在回忆中徜徉，才能体验愉悦。

克莱还煞费苦心地指出，想要感受怀旧之情的方法不分对错。如果有规律地翻阅自己的纪念品收纳盒是你首选的回忆方式，请保持不变。而如果你想尝试其他更有想象力的方式来连接过往，写作会是一个帮你深入回忆长廊的好方法。当大脑开始运转，将某个时刻清晰呈现于眼前，你会因为伴随而来的彼时的感受、知觉和全然沉浸式的体验而惊喜不断。你也可以听听某首让你产生特定回忆联想的歌曲，或是欣赏某部老电影，点开某个静静存在收藏夹里的网页。和当时共同分享那段经历的朋友一起回顾，也不失为一个怀旧的好主意。

怀旧的价值

无论你花费多少时间用于温习过往，请记住，回忆美好时光、提升积极情绪的种种行为，珍贵且值得，不要有浪费时间的负担。怀旧的价值还在于它能给你一份智慧提示，再痛苦的经历也有终结之时。人生不可预料、趣味盎然也险峻崎岖，有时，这三者混合着扑面而来，而这才是人生最真实的样子。而当时感受到的积极情绪，你完全有能力再次体验。🅜

当使用物品、聆听声响、触摸万物时，我们的
感受是任何语言也无法完全表述的。

——汉娜·阿伦特

创造力

CREATIVITY

插画：格雷丝·罗素 GRACE RUSSELL

 creativity ——————

那些发生在火车上的故事

作者：
斯蒂芬妮·拉姆
Stephanie Lam

无论是在头等车厢、经济车厢，还是在车厢顶部追逐的情节，
没有什么比一本带你踏上火车之旅的书更令人记忆深刻的了。

火车站里，汽笛声响起，该登车了。挤上车，找到自己的车厢，关好厢门，转身踮起脚尖，将箱子放进头顶的行李架上，回身坐到自己的位置上，车轮开始滚动，咔嚓咔嚓声响起，时间刚刚好。你深吸一口气，迅速扫一眼车厢里的其他乘客。你对面坐着一位看起来受人尊敬的乡村牧师，但一张马票的收据却从外套的左胸口袋里探出一角。你的左手边，一位迷人的女士正咬着嘴唇看表，让你不禁好奇她赶着要见的是什么样的人物。

而你出现在这趟火车上的原因又是什么呢？是任务在身去往某地，还是选择了火车作为散心的出行工具？你觉得这样的旅程有什么能吸引你的地方？也许是沿途的风景，也许是即将在这节车厢里发生的一场冒险，谁知道呢？头顶上，晃动的电灯因为电流不稳，发出咝咝声；窗玻璃上，因为内外温差，逐渐凝结出水珠……多适合想象力展翅的氛围。

即使你不是铁路迷，也能欣赏以火车为背景设置的故事，这种交通方式比其他任何交通方式都适合编织出精彩的故事，甚至连浪漫小说里广受欢迎的邮轮也无法撼动火车的场景霸主地位。为什么车头烟囱发出的"呜呜"声、减速或停车时轨道上发出的刺耳摩擦声，会如此吸引读者？当火车遭遇机械故障或电力停送时，乘客感受到的与其说是浪漫，不如说是煎熬，可为什么人们依然着迷于乘坐火车呢？如果你想找到这些问题的答案，那就和我一起登上火车，一边感受乘坐火车的乐趣，一边沉浸于"铁路"故事的世界吧。

一趟怀旧的旅程

苏珊·黑兹是一名读书博主，经营着一家名为"书径"（The Book Trail）的网站，主营包括火车旅行题材在内的旅行小说。关于选择的初衷，苏珊谈到了自己的童年，"小时候放假时，我们去的地方附近总有火车站，在那里我能近距离观察火车，并想象自己是其中一名乘客。我也会猜想其他乘客都是什么样的人，从哪里来，又要去往哪里。这个装着轮子的小盒子呜呜地鸣着笛，穿过乡间铁路，给了我充分的想象空间"。苏珊说自己特别喜欢以火车为场景的历史小说，"那里充满了古老时光的魅力，火车上的气味、噪声，所有的一切都仿佛被施了魔法，令人着迷"。

苏珊最喜欢的铁路题材小说是一套名为《火车上的侦探》（*Railway Detective*）的畅销犯罪小说，主角是罗伯特·科尔贝克探长，书里的故事都发生在 19 世纪中叶英国的铁路沿线。"我实在太爱这套书了，通篇充盈着迷人的老派魅力。"苏珊说道。该书作者爱德华·马斯顿生于铁路世家，他的父亲与叔叔都是蒸汽火车司机，他的家就在靠近铁路网的路边。这也是为什么该系列小说的时代背景从 1851 年开始。爱德华说过："火车是我基因中的一部分，铁路以一种前所未有的方式改变了维多利亚时代。"

当年和现在一样，只要你买得起车票（当然也有人逃票），就能乘火车去往远方。这段持续了

170 多年的历史，是由火车带来的真正的民主时代，它对所有人一视同仁。苏珊说："你不知道自己将在火车上遇到什么人。"这也和爱德华的观点不谋而合："火车之旅是偶遇宿命中的陌生人的理想地点，在火车上观察他人也很有趣，因为人在旅途中的行为方式有别于自己的日常。"

与其他任何公共交通有所不同，火车上的乘客每经停一站就不同，漫长的旅途中，你能不断看到性格迥异的人各种排列组合，碰撞出各式戏剧性的火花。也正是这令人无限遐想"如果……会怎样？"的火花，点燃了天才犯罪小说家帕特里夏·海史密斯的创作热情，并于 1950 年发表了自己的首部长篇小说《列车上的陌生人》（*Strangers on a Train*）。这部作品是爱德华最爱的铁路题材小说，精彩翻然，一经出版就被阿尔弗雷德·希区柯克看中并购买了版权，改编成电影《火车怪客》。爱德华认为这个精妙的故事只能发生在火车上，"两个初次见面的陌生人发现大家有个共同的问题需要面对，即如何解决他们认为'该死'的某个人。答案呼之欲出，对，两人一拍即合地决定分别为对方除掉那个碍眼的人"。这个想法现实极了。大家只是在火车上萍水相逢，能满足彼此的需求纯属巧合，汽笛嘹亮、车轮呼啸，所有密谋的低语都不为第三人所知，简直是天赐良机。

最佳冒险场所

苏珊对"铁路环境为犯罪小说提供了天然的创作土壤"这一观点深表认同，尤其是她归类为"舒逸推理"（cosy crime）的作品，天然适合发生在火车上。苏珊说："火车营造了一个封闭却充满未知性的环境，你能遇见各行各业的人。它就是一个移动的微型世界。"

车门开合之间，部分人更替，这是火车环境的自由；但同样也存在限制，所有的乘客都有据可查，如果有罪案发生，嫌疑人的范围也基本圈定。以阿加莎·克里斯蒂的《东方快车谋杀案》为例，侦探赫尔克里·波洛在一趟穿行欧洲大陆的夜班火车上偶遇了谋杀案，彼时车厢里包括受害者在内只有 13 名乘客，嫌疑人范围相当明确。这个构思很精妙，但火车场景的设定增加了作品的可读性。20 世纪 30 年代，冰天雪地的南斯拉夫境内，一列火车在铁轨上呼啸，豪华车厢内温暖如春，富豪的珠宝与皮草争奇斗艳，口音"高贵"，令读者有声临其境之感。苏珊打趣道："火车旅行的黄金时代让人沉迷，人人衣着华丽，行李服务生帮你解决了行李搬运的后顾之忧。"

类似这样的故事能让你梦回那个黄金时代，与角色一起体验一番火车头等舱的奢侈享受，仿佛最后的贵族。火车上不仅有浪漫邂逅，还有惊心动魄的刺杀场景，想想 007 系列，伊恩·弗莱明很多次为他英俊潇洒的詹姆斯·邦德设定的高光

场景，都在火车上。特别是英雄在跳上车顶，随着火车进入隧道，追逐反派的英勇大戏上演之前，会先去车上樱桃木内饰的酒吧点一杯马提尼的情节。老派旅行的魅力是为冒险而生的，对仍保持一颗年轻的心的人有着致命吸引力。

许多童书，包括现代儿童读物，都将蒸汽火车设为主人公奇遇的特色场景，其中最著名的便是J.K. 罗琳的《哈利·波特》系列中的霍格沃茨特快了。作者为以火车作为去往魔法学校的交通工具编写了详细的背景资料，虽然部分原因是当时她本人正搭乘一辆（通常情况下总是延误的）火车，但更多肯定在于火车与冒险的理念天然适配。

就像哈利第一次离开 9¾ 站台登上霍格沃茨特快一样，坐火车会让人产生一种难以言表的兴奋，并为终点的未知性而雀跃不已。因此，阅读铁路题材小说的读者也和哈利一样，在老派的旅行氛围中一步步迈向未知的旅程。如此说来，火车场景简直是保证冒险故事好看的关键。

甚至，你不需要坐上火车就能体验冒险。英国著名儿童文学作家伊迪丝·内斯比特写于 1906 年的经典作品《铁路边的孩子们》（*The Railway Children*），主要的场景就在铁路边而非火车上。书中主人公波比三姐弟，由于父亲蒙冤入狱而生活贫困，但在妈妈的带领下，他们在逆境中美好成长。孩子们救助了俄国的流亡作家，阻止了一起即将发生的严重车祸，也跨越阶级交到了包括车站行李搬运工佩克斯先生、乘坐每天 9 点 15 分上行列车"青龙"的老先生在内的真心朋友。

"蒸汽火车具备一种有别于以柴油为动力的现代火车的魔力，"爱德华·马斯顿说道，"在火车爱好者的努力下，世界许多地方的蒸汽火车路线被保留了下来，为现代社会的我们继续提供感受魔力的机会。"

也正是这种魔力，让我们对诸如《铁路边的孩子们》这类铁路题材的小说满怀热情。如果故事背景设定在现代，很难想象故事将如何发展（最新的电影版本里，故事发生在 1944 年之前）。即使现代社会的日常通勤枯燥乏味，通勤火车本身依然为我们提供了可供逃离的世外桃源。对于任何时代的旅行者来说，火车是一个阈限之地，一个日常生活之外的过渡空间，在这个"似曾相识之地"，想象力驰骋，戏剧的可能性绽放。

时空的隐喻性

宝拉·霍金斯的现象级畅销书《火车上的女孩》（*The Girl on the Train*）也是借由通勤火车这一空间充分展现故事的戏剧张力。这部心理惊悚作品中，主人公蕾切尔有重度酒精依赖，每天搭乘固定班次的火车通勤，因此能够在火车固定的停靠点窥见同一家人的生活。随着对这对金童玉女观察的深入，她想要了解两人更多秘密的渴望也不断膨胀。火车的意象成功地推动了关于真相、记忆和每个人隐藏在面具下的真实生活的思考。苏珊对此评论说："火车这一载体，为静止时空里的人性洞察提供了绝佳机会，这是一种关于机遇和命运的隐喻。"

因此，无论你是否欣赏火车的魅力与承载的冒险可能，是否怀念老派的蒸汽动力和制服笔挺的行李服务生，是否享受坐在延误的火车上慢慢等候，都请你尝试找一处站台，在安全指示员的哨声中跳上火车，探究一场未知的旅程吧。你可以选择感受头等座的奢华，或是在开往尤斯顿火车站的慢车中，置身于拥挤的通勤族中；但请始终保持头脑清醒，毕竟，在到达目的地之前，你不知道自己会遇见怎样的故事。❤

铁路题材虚构作品推荐

《安娜·卡列尼娜》（1878），作者：列夫·托尔斯泰

这部扣人心弦的俄罗斯文学经典作品，描绘了一个婚姻不幸、灵魂无处安放的女性形象，即使放到今天来看，仍极具现实意义。书中使用火车作为主人公情感遭遇的重要场景，但与其说托尔斯泰致敬了蒸汽火车的黄金时代，不如说暗示了它可能带来的冲击。就像现代作家用互联网作为"高速"的隐喻一样，托尔斯泰用当时最先进的铁路系统展示了被急速匆忙、金钱至上裹挟，被最新时尚定义的"时髦"生活。高速前进的火车呈现了"时髦"生活的全部要点，也决定了书中角色的宿命。

《斯坦布尔列车》（1932），作者：格雷厄姆·格林

作为格林的第二部作品，这是一个能媲美《东方快车谋杀案》的故事，一群各怀心事的人登上了开往伊斯坦布尔的列车。随着阅读深入，与乘客一起探索未知世界的读者在表面平静的列车旅行中，不断感到那酝酿已久的紧张不安。书中描述道："车厢内，人们寂静无语，只有玻璃杯在桌面上划过的刺耳摩擦声。车窗随着车身震动而摇晃，窗外，车轮在铁轨上轰隆作响，偶尔擦出的火花在如墨一般的漆黑深夜中格外醒目。"

《飞转的车轮》（1936），作者：埃塞尔·丽娜·怀特

故事发生在一列从欧洲偏远小镇开往的里雅斯特的火车上。英国淑女艾丽斯同车厢的一位年长女士弗罗伊畅聊之后睡着了。她醒来后，却发现弗罗伊失踪了，且火车上其他乘客都坚称车厢里不曾有过这样一位乘客。于是艾丽斯决心追查弗罗伊失踪的真相。虽然现在鲜有人知道，但本书作者埃塞尔·丽娜·怀特确实是那个时代著名的惊悚小说作家，其作品部部畅销。希区柯克的一部经典电影《贵妇失踪记》便是改编自这部作品。

《雪国列车》（1982），作者：雅克·罗布，插画：让－马克·罗切特

这是一本后世界末日主题的法国图像小说，全球气温骤降，外部世界只剩下无尽的严寒，全世界仅存的人类在这列长达 1001 节车厢的火车上，仿佛在挪亚方舟中一般自给自足地生活，但车厢不同，境遇有别。该书法文版于 1982 年问世，直到 2014 年才被翻译成英文，但它仍无愧于"有史以来最伟大的科幻漫画之一"的赞誉。如果这短短两句描述就让你心潮澎湃，你还可以去看看它的前传和续集（由几位作家写就），以及改编的相关电影和电视剧。

《疾风号》（2021），作者：伊坂幸太郎

在当时世界上车速最快的子弹头列车上，有喜欢引用托马斯小火车动画台词的杀手，有奉命偷回一箱赎金的临时代班杀手，各路杀手在这里上演了一幕幕感官刺激强烈的动作大场面。这部场景描写激烈的日本惊悚小说口碑不一，但没人能忽视它。之后改编的电影也因此请到好莱坞巨星布拉德·皮特和桑德拉·布洛克出演。

宏大设计

2022 年是 V&A 博物馆插画奖设立 50 周年，该奖项旨在表彰最优秀的学生插画作品，细分为以下三类：书籍封面设计、书籍插画和新闻插画。以下是得奖作品精选 。

（上图）**亚军——书籍封面：莱拉·哈里斯**
书名：《紫色》（*The Color Purple*）作者：爱丽丝·沃克
弗里欧书社（Folio Society）2021 年出版

（后图）**亚军——书籍插图：路易莎·荣格**
书名：《大脑寓言：神经退行性疾病的隐秘史及治疗展望》（*Brain Fables: The Hidden History of Neurodegenerative Diseases and a Blueprint to Conquer Them*）作者：阿尔贝托·埃斯佩，本杰明·斯特克
剑桥大学出版社（Cambridge University Press）2020 年出版

（上图）亚军——新闻插画：亚历克西斯·策格巴

新闻：《在白人世界留黑发的代价》（《The price of having black hair in a white world》）作者：塔玛拉·吉尔克斯·博尔

刊登于 2021 年的《经济学人》姐妹刊《1843》

（后图）优胜奖——学生插画：我的夏日物语（视觉日记）

创作者：克拉拉·比昂卡·格里格利卡

所在院校：安格利亚·鲁斯金大学（剑桥艺术学院）

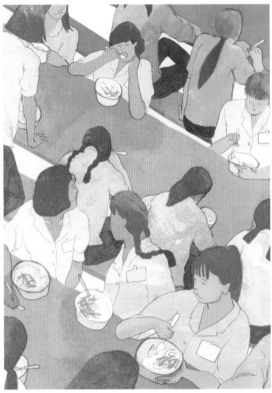

（上图）**亚军——学生插画：珍珠的女儿们**

创作者：袁晨悦（音译）

所在院校：皇家艺术学院

（后图）**冠军——书籍插画：热拉尔·杜波依斯**

书名：《道路》（*The Road*）　作者：科马克·麦卡锡

弗里欧书社（Folio Society）2021 年出版

creativity ————————

镜像反射的魅力

作者：

西恩娜·詹姆斯

Sienna James

镜像的力量感与迷惑性。

你走在路上，不经意瞥了一眼身旁店铺的玻璃橱窗，然后你就看见了另一个自己——那扇玻璃窗上反射出的你。除了自己，你还在反射中看到了周边景致与其他同样行色匆匆的人，忠实反映出现实里的活色生香。你心中，一种混合着惊奇与喜悦的感受油然而生，甚至有时你还能从这镜像中获得灵感启发。当然，不仅玻璃能让你感受这种时刻，当你站在夕阳下的海滩边，也能看见海面上五颜六色的倒影随着波浪起伏呈现一幅流动的画。

艺术家与建筑师很早就意识到镜像的力量，并在创作中经常运用，由此丰富构图多样性，传达隐秘信息，为观众带来惊喜。回顾历史，镜像反射也在不少时期显现出了极大的美学价值。

无论大还是小，性质人工还是天然，长久以来，水体便因其自然的反射性与流动性而在设计中被充分使用。下次当你在雨中行走时，找个机会停下来，看看伞外的世界，也许你就能明白为何水会被如此重视。你能观察到，湿漉漉的混凝土街道上反射的路灯，水洼里清晰地倒映着摩天大厦的微缩外观，突然雨滴落下，水波荡漾，大厦变得模糊起来。同样，当你在湖边漫步，在海边欣赏落日余晖，水中的倒影将自然之美体现得淋漓尽致。

也正基于此，无论是庄重的大花园还是随性的私家小花园，水都是园林设计的重要元素。自中国近代早期以来，园林设计师就热衷于在花园中设计不同大小的池塘或流水景观，提升园林趣味，并利用水的反射特性，塑造整体观赏性。微型宝塔或是步行拱桥与溪流或池塘（无论人造或天然）在精确的建筑定位中相得益彰，园林观赏性在水中倒影里得到加成，游人徜徉于小桥流水的景致中。令人流连忘返的，不只是地面上那一处坚实的建筑，还有水中荡漾的同一幅画面。

艺术家的工具

水中倒影的意象还在美术作品中被用以传递道德信息。16世纪晚期，卡拉瓦乔在其名画《纳西索斯》中，以个人代表性的强烈明暗对比手法，展现了水仙少年激烈的内心挣扎（图见第98页）。罗马诗人奥维德的长诗《变形记》取材于古希腊、罗马神话，其中一个故事说的便是希腊神话中最俊美少年纳西索斯的故事。先知提瑞西阿斯预言纳西索斯"只要未看见自己的样子"，便能得善终。然而在一次狩猎中，少年到溪边饮水解渴，看见了自己在水中的倒影。卡拉瓦乔的画作描绘的便是纳西索斯爱上自己倒影的那一刻。可怜的纳西索斯并未意识到自己爱上的俊美少年竟是自己，当他最终意识到自己的错误时，早已无法自拔，只能郁郁而终。

卡拉瓦乔精湛的画技在倒影运用中展现得十分鲜明。他不仅将纳西索斯的形象栩栩如生地勾勒出来，也通过暗影运用与色调改变，让水中倒影也呼之欲出，这让人不禁理解纳西索斯对自己倒影的痴迷。与希腊神话中原场景有所不同的是，卡拉瓦乔笔下的溪流黑暗压抑，仿佛黑洞一般，这是画家特意选择的斯堤克斯河，即神话中人间与冥界之间的间隔之河——冥河。卡拉瓦乔用冥河这一中性的、黑色的、代表不同空间界限感的设定来呈现纳西索斯看见倒影的瞬间，与其他忠实于原著的、画面色彩鲜妍的作品相比，他的画作更具冲突感和戏剧性。

而早在15世纪，意大利博学家莱昂·巴蒂斯塔·阿尔贝蒂就曾将纳西索斯的故事与绘画艺术联系起来，称这位神话中的美少年为"绘画的发明者"，因为"绘画不就是以艺术形式拥抱水面的行为吗"？

正如"水"是许多著名艺术作品的核心元素一样，镜子，也常常在艺术创作中发挥举足轻重的作用。它为创作者提供了一个新颖有趣的角度，用以代表作品中看不见的人物，以及传递作品背后的内涵信息。日本浮世绘大师喜多川歌麿的木刻版画作品《姿见七人化妆》（上图，创作于1790-1795年）中，一面女性梳妆用的手持镜

便是画中重要元素。画中的姿见七人正在仔细地对镜自鉴，由镜像看到她抬手靠近脸庞，似是整理妆发。而赏画者也能借由这个角度欣赏到姿见七人精致的发型与细腻的五官。鉴于喜多川歌麿的版画多聚焦于人与人之间的浪漫或色情场景，也许这幅画中的姿见七人，也像纳西索斯一般，爱上了镜中的自己。

炫技还是写实

不过，美术作品中最著名的镜子，可能来自西班牙黄金时代画家迭戈·委拉斯开兹的《宫娥》一画中（见第101页图）。这是画家在1656年为西班牙王室绘制的一幅家庭肖像画。学者对这幅画的热烈讨论与争议经久不衰，因为除了王室成员，画家还在画布上留下了自己的形象。画家站在画面的最左侧，观察着画面正中的玛格丽特·特蕾莎公主，公主的两侧是用以命名画作的一对"宫娥"侍女，以及其他王室成员。同时，画面后方是一面镜子，镜中映照出公主的父母，西班牙国王菲利普四世和王后——奥地利的玛丽安娜公主。委拉斯开兹的传记作家、西班牙画家及作家安东尼奥·帕洛米诺认为这一细节充分展现了委拉斯开兹的精湛画技与才华。"委拉斯开兹通过一个巧妙的装置展示了自己的才华，这个装置正是画廊后方面向画面的水晶般的镜子。"帕洛米诺评论道。

另一种解释则认为镜子是委拉斯开兹将自己纳入画面的一种工具。画家借此表达自己的智识独立，及有别于普通"手工艺人"与王室的平等。艺术评论家保罗·米歇尔·福柯在20世纪60年代撰文指出，《宫娥》画面中展示的艺术家与旁观者的关系标志着古典艺术与现代艺术的分水岭。他认为这是理解绘画行为以及画家与观众可能建立的潜在关系的一种新方式。从这个层面来说，镜子是委拉斯开兹作为创作者，给自己隐性赋能的关键，同时镜子也助力创作者与观赏者之间的互动。

然而，美国加州大学人文学院的艺术史名誉教授乔治·鲍尔与琳达·鲍尔夫妇则根据17世纪肖像画的惯例，提出不同看法，推论出画中镜子的存在具有更务实的原因。他们认为，当时的肖像画绘制过程中，常常在肖像主人坐姿时使用镜子，以便他们能更舒适，也更能看清自己的形象。由此来看《宫娥》中镜子的功能，更多服务于不在绘画现场的国王夫妇，让他们了解自己即将被绘制的形象。如鲍尔夫妇所言，国王对自己的肖像有创作权与认可权。委拉斯开兹为什么会这样做，始终没有定论，但这一开创性的画作仍激发了后续艺术家的灵感，产生了一系列重新诠释《宫娥》的作品，比如美国摄影大师乔－彼得·威特金于1987年在新墨西哥州拍摄的《宫娥》油画作品。

镜像中，你看到了什么？

建筑师、设计师和视觉艺术家已经将镜面反射作用广泛应用于自己的作品中。无论你喜欢海滨度假村海面上倒映的夏日明媚晴空，还是欣喜于了解镜子如何对周围环境产生改变的魔力，都请暂停片刻，思考镜像反射是如何改变、增强或凸显你的周边存在（请参阅第 105 页的一些建议）。观察水中、镜中或窗玻璃上的影像，可以让你从全新视角了解熟悉的场景，比如一座办公楼可以成为一条商业街上不同色调与景观的中心；也可以让你以全新的视角欣赏自然美景，比如夕阳西下时，湖面上、池塘中或者川流不息的车窗上映出的暮色天空。无论你身处何处，城市或乡村，屋内或室外，看看这些常常被忽略的镜像，让自己休息片刻，沉浸于这丰富美丽的光与影的变幻游戏中。♥

如何利用反射的视觉效果

获得新视角的 5 种方法。

1. 城市中，可以留意大面积的玻璃如何导致建筑物外墙和屋顶线的反射变形和起伏。

2. 夜间，观察从内部照亮的建筑物如何展现该空间的不间断视野。与此同时，未点亮的窗户变成了黑色的镜子，反射着路灯和路上车流形成的不断变化的色调。

3. 交通安全凸面镜通常位于高速出入口、车道和树篱上，呈现扭曲的图像。如果你能在保证安全的前提下，爬到足够高的地方对镜做个鬼脸，可以看到镜中呈现的表情发生了何种改变。你也可以找一个陈列老式哈哈镜的大厅，看看自己的脸和身体在镜中会产生多少种形状变化。

4. 在一个阳光明媚的日子，如果你在公共空间工作，可以看看窗户如何使阳光反射到笔记本电脑和手机屏幕上。如果是移动设备，你可以观察金黄色光点如何根据不同的反射角度在房间内移动。

5. 尝试通过打开的窗户拍一张风景照。玻璃窗可以让你看到远处的风景，同时也反射出室内的物品。如果反射足够清晰，有时可以拍到双重曝光效果的照片。

创造力

 *creativity* ————————

忙碌的感官

作者：
卡罗尔·安妮·斯特兰奇
Carol Anne Strange

视觉、听觉、嗅觉、味觉和触觉通常被视为彼此独立、感受各异的存在，但对于某些人来说，感觉却能混合，带来复杂且震撼的体验。

通感，也称为联觉，是一种神经系统疾病，让通常分别独立感知的感觉产生混合效应。有这种体验的人被称为联觉者。联觉者感知世界的状态与常人大相径庭。譬如，有些人在听音乐时能看见关联的色彩，有些人能从字母和数字中看出特定的色调或形状，还有些人可以通过语言和声响感知特定的感觉、气味或味道。

联觉一词源于希腊词根"联盟"和"知觉"，意为"感觉的联合"。联觉有多种类型（详情见第 111 页），尽管有一些共同点，但绝大多数联觉者的感知是独一无二的，且任何感官混合的组合都有此体验，例如一个联觉者看到"星期一"一词的关联色是绿色，但可能另一个联觉者看到的是蓝色。可以确定的是，每个联觉者感知世界的方式是非自愿的、自动的、自然产生的，且保有一致性。

插画：伊里娜·佩尔茹 IRINA PER.JU　第108页插画作：戈沙·吉贝克 GOSHA GIBEK

联觉产生的原因

虽然人类发现联觉的存在已有几个世纪之久，且据信这种生理现象影响了 2% ~ 4% 的人口，但直到近几十年，它才受到神经学与心理学方面更多的重视与研究。尽管产生联觉的原因仍然没有定论，但研究表明遗传因素可能是主要原因，许多联觉者都有一位同是联觉者的直系亲属。而除了尚待科学证实的遗传因素说法，也有不少专家认为这种感知混合的状况受幼儿期的多感官发育与学习的影响。

总的来说，许多在这种特殊的联觉感知中长大的人，对此都毫无觉察，直到有人指出他们的感知特殊性。萨塞克斯大学认知神经科学教授、联觉研究小组负责人之一杰米·沃德在一次 TED 演讲中说道："混合感知，虽然令我们感到不可思议，但对于联觉者而言，就是他们唯一真实的感知。这是他们体验世界的方式，是一种完全正常的体验方式。"

一旦意识到这种独特的感知方式，许多联觉者会将其视为一种天赋而非缺陷，并确实感受到联觉的一些相关优势。研究表明许多联觉者拥有更好的记忆力，专家认为这源于多感官共同参与回忆。色彩联觉者通常更擅长区分不同色调的细微差异。虽然没有证据证实联觉一定能增强创造力，但许多联觉者都能通过艺术创作来表达自己的感知。

联觉者的个人体验

屡获殊荣的艺术家戈莎·吉贝克认为自己很幸运，从记事起就通过联觉感知世界。起初她以为自己并不特殊，直到有人告诉她，她能将一个名字看出一种颜色是非比寻常的，这时她才知道自己原来拥有一种罕见的能力。

戈莎的联觉体现在看字母和单词时，能同时看到色彩与立体空间。她说："对我而言，每个字母都有自己独一无二的色彩。比如，字母 A 永远是鲜艳的橙红色；E 是半透明的蓝色，就像晴朗如洗的天空；O 则像灯泡一样发出明亮的白光。元音总是发出光芒照亮周围的字母，而辅音通常是较深的纯色。当字母组成单词时，每个字母的色彩组合在一起，由首字母确定单词的配色。而当我看到生活中的色彩时，它们是在音乐中的流动状态，且闪闪发光。这就好像我能感受到世界的能量以这种色彩形式表现出来。"

戈莎将自己的联觉视为天赐的礼物，并将它用于自己的艺术创作中。在英国兰开夏郡阿克林顿的霍沃斯美术馆旁，戈莎拥有一间工作室，陈列的作品风格鲜艳明亮，题材多为流动性的人物、运动场景及令人流连忘返的风景。

在她的画作《利物浦回声——城市夜景全貌》（见第 108 页）中，颜色和场景激发的联觉感知通过画笔被勾勒出来。"当我望着夕阳，我听到了贝多芬的《命运》交响曲，'当 当 当 当……当

当 当 当……'，铿锵有力的前奏响彻云霄。我还听到了整座城市的生机盎然，行人的交谈、鸟鸣、繁忙的交通工具喇叭声。美丽的墨蓝、紫罗兰色、橙色与红色就像泼在画布上的甜蜜果汁，激活了我的味觉。这幅利物浦的画，画面并非静止，一切都在运动中，我能感到耀眼光芒与粼粼水光的能量。皇家利物大厦塔尖上的鸟儿扑扇着翅膀，钟后的齿轮转动，我感到脸上有凉风掠过。"

杰出的研究者与神经科学家理查德·西托维奇和大卫·伊格曼在两人合著的《星期三是靛蓝色的蓝》（*Wednesday Is Indigo Blue*）一书中，进一步探讨了这种感知世界的方式。两人认为知觉本身便是多重感觉共同作用，但其多维性超出了绝大多数人的意识范围，现实比绝大多数人意识到的更加主观，联觉则凸显了人们主观感知中的惊人差异。

虽然联觉并不常见，但联觉者将不同感官同时作用于感知的能力，为他们观察世界新开了一扇与众不同的窗。戈莎希望自己能与他人共享这份珍贵的礼物，"通过我的艺术表达改变世界的面貌，分享美好时刻，治愈他人，让他人感受到积极的能量与无条件的爱，已经成了我的一种使命"。联觉的存在，是一种神迹般的提醒，让我们记住，世界上有许多不同却平等感受生活的方式。☻

著名联觉者

- **理查德·费曼，**理论物理学家，看字母和方程的同时能看到色彩。
- **埃莱娜·格里莫，**法国钢琴家，看音符时能看见特定颜色，听音乐时也能看到色彩。
- **大卫·霍克尼，**英国艺术家，聆听音乐时能看到色彩。
- **多莉·艾莫斯，**歌手，听音乐时能将光看成一串串色彩组合。
- **弗朗兹·李斯特，**作曲家，看音符时能看见特定色彩。
- **玛丽莲·梦露，**女演员，据说听到声响的同时能看到物体振动。
- **文森特·凡·高，**画家，被认为具有丰富的听觉—视觉联觉感知。

联觉感知类型

联觉类型约有 80 种之多，一些联觉者拥有不止一种联觉感知，以下列举一些类型。

字形—颜色联觉：字母、数字或符号都能触发看见色彩，每个字素有自己独特的对应颜色。

词汇—味觉联觉：说话或阅读时能引发口腔中对味道或食物质地的感知，或是能刺激对特定味道的联想，比如，"星期六"一词能带来橙子的口感。

嗅觉—视觉联觉：由一些特定气味引导出的视觉体验，比如巧克力闻起来是"粉色的"，某种酒香会展示出一个符号或更复杂的视觉场景。

听觉—视觉联觉：音乐或声响能触发视觉体验，比如听到某个特定音调能看到几何形状，或是一段音乐能引发出一种可视化的特定场景。

听觉—色觉联觉：听到声音时能看见颜色，或是看到颜色时能感知到相关联的声音或旋律。

时空联觉：拥有能将时间具象化的时间感，通常体验为将时间看成围绕身体、全年顺时针旋转的圆环。

触觉—情绪联觉：聆听某些特定声音会激发头脑中的某些情绪。

空间—序列联觉：按序数、序列规律排列的概念，比如将数字、字母或月份觉知为空间中的点状存在，比如较小的数字可能会被认为距离较近，而较大的数字则距离很远。

拟人化联觉：会赋予符号、字母、数字或词汇等抽象概念特定的个性或特征，比如感到字母 I 是闷闷不乐的，而字母 O 则很温柔。

镜反射—触觉联觉：当周围人被触摸时，会感同身受，比如当一位朋友的腿受伤了，自己也会有相同的痛感。

我认为我们音乐家的使命，是每一次为大众表演时，都能带去改变的力量。

——黑泽尔·斯科特

逃离
ESCAPE

> "石头是有生命的，田野或海滩上的任何一块石头，都承载着那片土地的记忆。你能感到，石头见证了沧海桑田。"

安迪·高兹沃斯

插画：约翰·哈默 JOHN HARMER 摄影作品：SHUTTERSTOCK.COM

~∧ *escape* ————————

偶遇一处堆石标

作者：

杰德·比克罗夫特
Jade Beecroft

若你恰巧路过一堆堆砌成金字塔形状的岩石，可能会好奇它们的用途。这些被称为"堆石标"的锥形石堆，有着令人着迷的历史。

在乡村漫步时，你是否曾偶然经过一堆锥形的岩石堆？可能是在某条小路边的界标石堆，也可能是无数游客在最佳景点做的记号，或者用于标记遇难者的位置。从古代高耸入云的纪念石碑，到无数徒步者堆砌的小小石堆，锥形岩石堆作为石标，已被人类使用了数千年。有些石堆历经数百年风霜雨雪，依旧矗立在原地；有些石标为人们提供了在野外"叠叠乐"的可能。从爱尔兰到阿拉斯加，从约旦到新西兰，只要是盛产天然岩石之地，就有锥形石堆，原因究竟何在？

锥形石堆是什么？

简言之，"堆石标"一词源于苏格兰盖尔语，意指用岩石块人工堆砌的、能保持绝妙平衡的石堆。世界上最古老的锥形石堆出现于史前时代的欧亚大陆，当时这些石堆被当作寻路标记、纪念记号和纪念碑使用，譬如一些墓室的顶部便有此类石标。最大的石堆甚至是一座人工建造的石山。

从游牧文化、农业文化到部落文化，从古代蒙古到南美洲的山脉，世界各地不同的文化里都有锥形石堆的身影。在一些最偏远的地区，人们甚至视它们为指引的向导。在安第斯山脉的印加古道旁，美国蒙大拿州和科罗拉多州的深山里，都有这种被当地人称为"石约翰"的堆石标。在其他一些非山脉区域，比如岛屿遍布的斯堪的纳维亚，巨大的岩石塔被用作悬崖警告标志和路标，几个世纪以来为海员指引方向。

历史上，北美北极地区的原住民也利用堆石标导航，以及标记地理位置，比如合适的捕鱼点、狩猎区、食品储藏地和祭祀场所。因组特人称这些石堆为"因努克舒克"，意为"以人类之能行事"。最古老的因努克舒克石堆可以追溯到大约 4 000 年前，而时至今日，它们仍然是因组特人的文化象征，加拿大努纳武特区区旗的中央，便是一座石塔图案。直到现代人们仍在搭建堆石标。

与因努克舒克石堆相关的因纽特传统与民间传说相当丰富，有赞美堆石标的歌曲流传，还有些人认为这些精巧平衡的结构具有伟大的精神力量。因为北极地区地势平坦、满目荒凉，很容易迷路，所以这些石堆往往具有路标的功能，保护人们免于陷入迷路而丧生野外的危险，这也许是因纽特人尊敬与仰赖堆石标的原因之一。

荣光印记

在苏格兰民间传说中，高地部落成员在战斗前都会将一块石头放在一堆岩石上，战斗结束后，幸存者依次移走之前放下的石头，并用剩下的石头组成一座阵亡者纪念碑。在墓碑上，特别是顶端位置放一块石头，至今仍被视为一项重要的传统。人们认为，通过放石头，可以使石碑抵御自然因素的侵蚀，并维持其完整性。

石堆也会被用作护身符或是信仰的象征。连接西班牙西北部与法国的朝圣之路圣地亚哥卡米诺，路上随处可见朝圣者留下的石堆。信仰犹太教的人也习惯在墓碑上留下一块石头，用以表达对逝者的缅怀。

谨慎堆石

旅途中亲手堆砌一座石堆听起来很有诱惑力，特别是置身一个鬼斧神工之处时，想用堆石标来表达自己的崇敬之情。但请谨慎而行，在不合适的位置搭建石堆，有可能会误导其他徒步者偏离安全路线，还会伤害脆弱的生态系统，甚至破坏令你赞叹的这片景观。

在冰岛，游客们热衷于堆建堆石标正成为一个现实难题。9世纪时维京人来此定居，在贫瘠荒凉且岩石密布的大陆上搭建堆石标用以导航，至今仍可看到一部分这些远古砾石坚定美丽的身影。然而现在，整个国家正苦于外国游客搭建的无数"到此一游"小石堆。冰岛的一些古迹石标受到保护，专家和导游都提醒游客们不要擅自在上面添加石块或搭建新的石标。冰岛环境局的《旅行者守则》第四条明文规定："切勿移走石头或搭建堆石标。"

保护自然历史

无论在何地旅行，不留下痕迹是旅行者的最基本守则。欣赏石堆与因努克舒克石堆的壮丽奇迹，尊重它们悠久丰富的历史内涵，但无须再创建新的小石堆了。🔄

堆石标遗迹欣赏

全世界最有名的一些石堆：

苏格兰克拉瓦石堆

克拉瓦石堆位于因弗内斯附近的卡洛登沼泽区。堆石标包括三个建造成环形的石堆和一些独立的石块，距今已有约 4 000 年历史。该遗址是一座保存完好的青铜时期墓地，首次使用大约在公元前 2000 年，当时建造了一排较大的石堆；1 000 多年后，该墓地被重新使用，并在原有基础上增加了小型石堆。石标处有一句古老的苏格兰盖尔语祝词，翻译过来即"我会在你的石碑上放一块石头"，用以象征逝者永不会被遗忘。

爱尔兰女王梅芙石冢

这座爱尔兰最大的石标之一，坐落于斯莱戈以西著名的诺克纳瑞尔山山顶。该石冢大约建于公元前 3500 年～公元前 3200 年之间，高 10 米，直径约 60 米。据记载该石冢使用了近 3 万吨附近开采的岩石，至今仍可在离它 300 米远的地面上看到巨大的深洞。据说这个石堆是用来标记著名的康诺特女王梅芙的墓室所在。民间传说中，英勇的女王梅芙身穿盔甲葬于墓室，面朝阿尔斯特，那是她宿敌所在的地方。

加拿大胜利角石堆

这是威廉国王岛西北海岸一堆冻结的砂岩石堆。1859 年 5 月，一支搜寻失踪的约翰·富兰克林探险队的搜索小队在岛上发现了这座石堆，并在石堆旁的一个密封金属圆筒中找到了一张纸，上面是写于 1848 年 4 月 25 日的信息，正是来自失踪的探险队。纸上记着，此次航行的两艘探险船"埃里伯斯号"与"恐怖号"于 1845 年驶离英国后，被困于冰上一年半，最终船上 129 人不得已弃船，在胜利角附近全员遇难。临终前搭建此石堆并留下信息，让搜寻者有朝一日能够找到。

加拿大因努克舒克角

因努克舒克角坐落于巴芬岛的小福克斯半岛，由超过 100 个因努克舒克传统石堆组成，于 1969 年被纳入加拿大国家历史遗迹。除了传统的石堆造型，一些因努克舒克高达 2 米，还有一些造型奇特，搭建者为它们设计了两条"石腿"，让石堆看起来更像人类，充分体现了搭建者的创造力与艺术感。这些石堆可能已有 2 000 多年的历史，被分为相距约 140 米远的两组，坐落于涨潮线上方光秃的岩石山上。

美国贝茨石堆

这些堆叠独特的岩石坐落于缅因州阿卡迪亚国家公园的巨石之间。20 世纪伊始，沙漠岛山的首批探路者之一沃尔德伦·贝茨和其团队，在公园内建造了许多步道，并搭建了许多石堆用作路标。今日，公园里的护林员和志愿者们仍在不时修复和重新搭建石堆，在保护自然历史遗迹的同时仍为徒步者留下一种经年有效的路线指引方式。

escape

不带手机去旅行

作者：
理查德·梅勒
Richard Mellor

不带手机的旅行，能否让你更好地沉浸其中？

插画：尼基·帕通NICKY PATON

人们很容易依赖智能手机，它们几乎无处不在——床头柜上、口袋里、手中。因此人们也总是不由自主地查看手机。除了在社交媒体上浪费时间，智能手机还是你的晨起闹钟、约会提醒记事本、天气预报员、钱包和网约车工具。这已是一种普遍现象，软件检测公司安妮应用程序（Annie）最新的数据显示，如今人们平均每天使用手机时间为4.8小时，且这一数字还在不断攀升。

然而，沉迷于智能手机，会破坏你完全沉浸当下的能力，是冥想者所说的"临在感"的敌人。智能手机爱好者花费更多时间在虚化的数字世界中，而非感受身体所在的真实世界，对眼睛、身体姿势都有伤害，也会刺激压力的爆发。

这种抽离感在旅行中会令人震惊。也许当你穿过街区公园或城市广场时，还想着明天或下个月能有机会体验一番。但如果是去维也纳、越南或南极呢？

但话说回来，假期又是智能手机发挥最大作用的时期。它们能储存电子登机牌、为你翻译当地语言、实时更新最准确的地图、帮你查询最优惠的换汇信息。没有智能手机的旅行真的不会寸步难行吗？

威尼斯的手机戒断之旅

为了不成为智能手机的奴隶，并尝试一种新的旅行方式，我决定关掉手机在威尼斯待上整整两天。为了表达决心，我把手机留在酒店，步行出了门。没走两步，我就开始压抑后裤袋空空的烦躁感，口袋里熟悉的重量去哪儿了？我是不是丢了什么东西？

接着我开始焦虑自己是否带齐了东西。我需要的汽船票、实体银行卡和地图都一应俱全，我却依然期待自己发现遗漏了什么。由于我不戴手表，对时间不确定的恐惧也缓缓当头压下。路过圣马可广场附近一家酒吧时，比萨的香味引得我饥肠辘辘。"是午餐时间到了吗？"我好奇道。最终，我服从了最古老的本能，即人可以在饥饿的时候吃东西，而不一定非要按照固定的时间点。

坐在圣玛格丽塔广场（威尼斯较大、较安静的广场之一）上的作家尼科洛·托马塞奥的雕像旁，戒烟好几年的我突然想抽烟。我的手指有一种握住物品的渴望。身边走过两个闲聊的学生，一股与周遭环境脱节的感受淹没了我。我突然怀念起

在社交媒体上与友人插科打诨的时候，失去这个选择令我感到孤独。

我开始尝试呼吸练习，这有一点效果。附近教堂的钟声，听起来清晰悠长。我的观察力也开始变得更加敏锐，能注意到大量细节，譬如红色的屋瓦或充满趣味的贴纸。在没有手机干扰的情况下，我的感官似乎变得敏锐起来。到目前为止，使用纸质地图的效果出人意料地好。怀着愉快的心情，我向一位看起来面善的路人问路，纯粹为了交谈。告别时，一声温暖的"再会"进一步令我精神振奋。

你为什么想拍照

我的面前，是一座精致的小桥，横跨于一条鸭青色的小河道上，这样的运河道遍布威尼斯。毫无疑问，此刻的景致相当迷人，但并不震撼。我为什么要拍这张照片？但似乎有一种惯性的阻力，牵制着我想要不拍照就往前走的想法。

除了手机，唯一能用来拍照的是家里一台笨重的数码单反相机。我不擅长拍照，在没有手机的假期，这成了最大的遗憾，尤其是置身于美如仙境的威尼斯。

不过，检视我想要拍照的动机还是很有趣的。一些地方我想要拍照是因为能够取悦朋友，一些地方则是符合我个人的审美。除此之外，之所以想拍这张小桥流水，是因为拍完后我就能安心前行，想看的时候随时打开手机即可。不然我就得花费一点时间，集中注意力才能欣赏美景的全貌，或者接受我观后即忘且再也看不到它的事实。因此，若我现在有手机拍照，便是启动了心安理得走马观花的旅行方式，忽略了集中注意力的需求，甚至是选择了一种逃避生命有限性的方式，毕竟，手机里的记录是永恒存在的。

此外，智能手机也阻碍了人们精心思考构图，手动拍出有纪念意义的照片。只要手指轻轻一点，想拍多少就能拍多少。我终于明白了为什么五花八门的拍照程序如此流行，大家都在手机里用模仿拍立得或胶片相机效果的程序拍照。因为长期使用智能手机，许多人已经丧失了用相机手动拍照所要求的谨慎与选择能力。

两天手机戒断之旅结束后，我一边沉思，一边欣喜于过程中的收获。但我发现自己仍无比期待回家打开智能手机，查看所有错过的信息和网球比赛的比分。这完全在情理之中，智能手机是我现代生活不可或缺的一部分。但我确实打算在未来继续尝试"无手机"旅行，希望能再次体验到没有手机干扰的"临在感"。⏎

深海巨人

在马尔代夫与蝠鲼一起游泳是世界上最棒的接触野生
动物的体验之一，同时我们还能为保护这些令人惊叹
的海洋生物贡献一份力量。

作者：
劳伦·贾维斯
Lauren Jarvis

一个巨大的深黑色生物从远方广袤无际的湛蓝中慢慢进入我的视
野，在海浪下悄无声息地朝我"飞"来。我脸朝下浮在海面上，尽
可能保持身形不动，透过潜水面罩凝视着阳光斑驳的深海处，呼吸
平静，心跳平稳，心里默默祈祷着这只海中精灵能来到我面前。渐
渐地，它越来越近，我看得更清楚了，先是一张巨大的嘴映入眼
帘，接着是宽阔的黑色胸鳍，这让它能自由地在海底上方"翱翔"。
透过玻璃面罩观察，它的身形大得不可思议，但我必须保持静止，
就像海上一根浮木，随着潮起潮落轻缓地移动。接着，就在离我几
米远的地方，它潜入深海，在我的正下方舒展翻跃。我也忍不住学
着，像海星般伸展四肢，为它痴迷。

如果此刻它浮出水面，我就有可能人生首次骑上世界上最大的鳐鱼
之一的背脊，幸好，它只在我下方的海洋中优雅俯冲。这不是一
条被俘获的海洋哺乳动物，受过训练之后不得不在狭小窒息的水
箱里为游客们表演花样。这是一条自由自在的礁蝠鲼，就像在游
乐场里的孩子一样，在马尔代夫夺目耀眼的珊瑚环礁与潟湖间肆
意玩耍。

诗情画意田园岛

我了解到，马尔代夫最知名的度假村长期致力于保护这个岛国珍贵的蝠鲼种群，在之后幸福的一周里，印度洋群岛的鲁阿环礁也成了我的游乐场。从马尔代夫首都马累的国际机场换乘小型水上飞机前往马穆纳古岛，满眼都是碧海蓝天，深海沟的钴蓝色、较浅的潟湖中环形的水绿与松石绿色、天空耀目的蓝色，铺天盖地将人包围。水面上偶有帆船出海，随着海浪节律起伏，仿佛一匹匹白色骏马奔腾在万里碧波中，而快艇则飞速将游客们送达梦想已久的目的地，只在海面上留下一条条白色泡沫画就的小径。大约 35 分钟后，马穆纳古岛映入眼帘。螺旋桨激起巨大的水花，飞机下降，我们换乘小船前往岛上。

马穆纳古洲际酒店四周白色细沙流苏般绵延，棕榈林郁郁葱葱，岛边海水中珊瑚环绕，岛上林间隐约可见低调的度假别墅，环境幽雅，宛如田园诗般清丽迷人。油画般的灯塔和 360° 全海景景观餐厅矗立于小岛一端，海滩边的木栈道通往静谧的水疗中心和海上别墅群。柔和的海水拍打着海滩，别墅群沿着海湾的曲线散开，太阳能屋顶在热带阳光下反射出令人目眩神迷的光芒。海面下，马穆纳古周围的潟湖里，各种珍稀海洋动植物同样令人眼花缭乱。清澈温暖的海水冲刷着林立的珊瑚礁，包容着无数鱼类、海龟、海豚和不伤人的柠檬鲨与黑鳍礁鲨。热爱水上运动的游客们选择良多，皮划艇、桨板、帆船、水上滑翔等项目应有尽有。但我此行的目的，是为了潜入水下，为了能和深海中最令人惊叹的一个物种一起畅游。

海洋珍宝

由于体型巨大，礁蝠鲼通常被称为"巨型动物"，它们展开胸鳍畅游于海中时，从左侧到右侧鳍尖的长度可达 4.5 米，体重可达 700 公斤。不过，相较于表亲巨蝠鲼，礁蝠鲼只是小巫见大巫。巨蝠鲼是世界上最大的鲼鱼种类，身宽可达 7 米，体重重达 2 000 公斤。它们通常生活在热带与亚热带地区的广袤深海里，很难一窥真容。巨蝠鲼以海洋中最小的生物——浮游动物为食，而浮游动物也是马穆纳古潟湖里的珊瑚蝠鲼最喜欢的零食。蝠鲼的名字源于西班牙语，意为"毯子"或"斗篷"，通过鳃丝（称为鳃板）过滤水中的微生物。它们的大脑只有拳头大小，是世界上大脑与身体成反比值最大的冷血鱼种。野生环境里的绝大多数蝠鲼有 40 ~ 50 年的寿命，但现在，礁蝠鲼被列为高危物种，巨蝠鲼则被国际自然保护联盟 (IUCN) 列为濒危物种，都处于灭绝的边缘。

虽然曾经可以在蝠鲼的栖息地看到它们大群的聚集，但现在只剩少数地区仍有此壮观景象。过度捕捞、环境污染、栖息地丧失和气候变化都对蝠鲼的生存产生了巨大威胁，对我们宝贵的海洋生态系统造成了严重损害。距离马穆纳古很短航程的鲁阿环礁的哈尼法鲁湾，便是仅存的少数仍可观赏到蝠鲼群的地方之一，也是马尔代夫受联合国教科文组织保护的生物圈保护区之一。马尔代夫拥有 250 种珊瑚礁和 1 000 多种鱼类，是体现海洋生物多样性的重点地域。这里有现如今世界上最大的蝠鲼聚集地，每年 5 月到来年 1 月期间，数百只蝠鲼在这片海域聚集，共享海湾中的浮游动物。它们身边，还畅游着另一种了不起的深海巨型动物——鲸鲨。

可行的保护措施

马尔代夫因此成为蝠鲼研究的长期科研点。2005 年，海洋生物学家盖伊·史蒂文斯成立了马尔代夫蝠鲼研究项目，如今已发展成为世界上最大的蝠鲼保护研究项目之一。随着项目的成功，2011 年蝠鲼信托基金成立，而盖伊于 2016 年底获得了礁蝠鲼研究方向的博士学位。马尔代夫蝠鲼研究项目作为英国本土的公益机构，目前已与超过 25 个全球蝠鲼研究和保护项目进行了深入的合作，共同保护蝠鲼的未来，其中便包括位于鲁阿环礁的这个项目。

蝠鲼信托基金鲁阿环礁专属项目的负责人杰丝·海恩斯告诉我，2014 年，蝠鲼信托基金及其合作者共同成立了"全球蝠鲼保护计划"，旨在保护全世界范围内现存的所有蝠鲼。自 2019 年开始，杰丝便一直在度假村的五星级海洋潜水中心工作。她与研究实习生蒂芙尼·邦德和安娜·诺切尔每天一起出海两次研究礁蝠鲼。每次他们都会花上数个小时，对每一只礁蝠鲼进行测量、拍照，并通过记录它们独特的斑点标记识别不同蝠鲼，他们还给许多蝠鲼起了名字，同时将研究发现与结果汇报给主研究团队。我在那里度假的几天，与名为弗兰克、梅丽莎和坎杜·弗拉纳（在当地迪维希语中意为"海洋生命"）的几只蝠鲼成了最好的朋友。

逃离

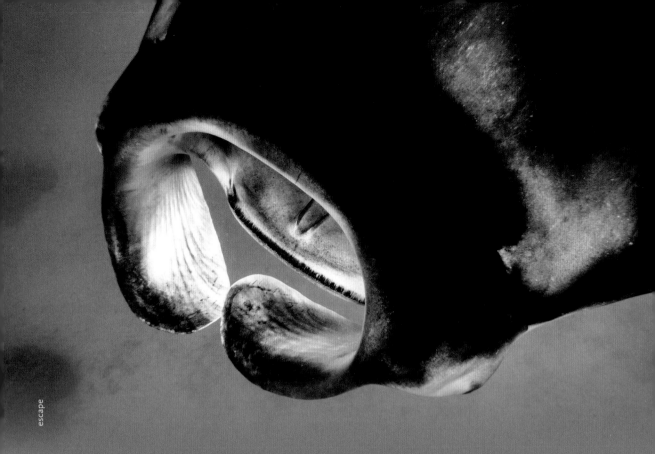

享用完传统的马尔代夫丰盛早餐——包含南瓜咖喱、烤肉、米饭、叁巴辣椒酱和热带水果，我们迫切希望能赶紧进行浮潜，好消耗掉如此放纵摄入的热量。准备出发时，杰丝告诉我们："蝠鲼信托基金与洲际酒店的合作始于 2019 年，包括科学研究、与当地学校和大学合作的教育项目，以及重要的社区普及项目。在洲际酒店和度假村客人的支持和部分资助下，我们的研究发现马穆纳古的潟湖是蝠鲼的重要繁殖地。蝠鲼的幼年时代都在这里度过。每年 12 月到次年 4 月，特别是 1 月的旺季，这里能看到大群蝠鲼，因为浮游动物的运动依赖于风和洋流。等浮游动物走了，蝠鲼也便会跟着走。"

迫切的保护需要

在马尔代夫，雄性与雌性礁蝠鲼达到性成熟的年龄都较晚，前者为 11 岁，后者在 15 岁左右。同时根据可捕食的浮游动物量的波动，平均每五到七年才能产下一只小蝠鲼。因此蝠鲼种群的稳定与增长，非常依赖全方位的保护。有害的渔获方式和拖网捕捞方式对海洋生物栖息地造成了巨大压力，引起海中二氧化碳浓度上升，且塑料污染严重，蝠鲼的生存环境十分脆弱，而以金枪鱼等其他物种为目标的渔民捕捞时也会兼获蝠鲼，这些都对蝠鲼群体造成了巨大的伤害。

近几十年来，市场对蝠鲼和鳐鱼的鳃板的需求也加剧了对其的捕捞，威胁着这些在海洋中生存了500多万年的生物的生存。鱼鳃板在亚洲既可被制作成干货，又可以入药，中国、菲律宾、印度尼西亚、莫桑比克、马达加斯加、印度、巴基斯坦、斯里兰卡、巴西、秘鲁、坦桑尼亚等国都有鱼鳃板贸易，已对蝠鲼种群造成了毁灭性打击。蝠鲼在海面下捕食，从渔船上就能清晰看到它们。可它们除了游离之外，身体上没有真正的防御部分可以进行自我保护。这些温和的滤食性动物既没有黄貂鱼的毒刺，也没有鲨鱼的锋利牙齿，很容易成为渔猎目标。渔民通常用鱼叉刺伤或用渔网困住它们，取其鳃板贩售，声称其可治疗从痤疮到癌症等各种疾病。贸易商吹嘘病患使用鳃板，就像鱼类用它过滤水中的浮游生物一样，有助于过滤体内的病菌和毒素，从而达到解毒和净化的功效。尽管这些说法没有任何科学证据支持，但蝠鲼仍在被大量捕捞。值得庆幸的是，包括印度尼西亚、秘鲁、菲律宾、墨西哥、澳大利亚、巴西、马耳他和马尔代夫在内的许多国家都通过立法来打击非法捕捞，保护这些脆弱物种，但非法捕捞仍然是一个持续存在的问题。

又一个早晨，当我们前往马穆纳古潟湖，再次与这些海中巨鹰相伴遨游时，杰丝表示，"如果我们想让这些了不起的巨大生物很好地生存与繁衍，那么保护它们的摄食、繁育和生长地就至关重要。这需要废除有害的捕捞行为，对非法捕捞实施更严厉的处罚，并积极改善海洋栖息地的环境。我们希望在今年年底前能将潟湖纳入海洋保护区的范围，为了蝠鲼，我们正朝着这个目标坚持不懈地努力着。确保这个物种在未来长久的时间里依然存在是我们不可推卸的责任"。

我漂浮在潟湖上面，身下是浮游动物的密集地带，三只神秘美丽的礁蝠鲼优雅地从我身边掠过，将独一无二的角——头鳍伸进肉眼几乎不可见的食物中，满含好奇的眼睛则凝视着我，完全了解与接纳我的存在。当它们如展翅般挥动胸鳍，将身侧海水搅起漩涡，伴着无数气泡向着大海深处翩翩而去时，我想知道，它们是否像杰丝一样，在这片蓝色汪洋中看到了光明的未来。🖾

五种大型鳐鱼和蝠鲼

世界海洋和河流系统中，有超过 600 种鳐鱼和蝠鲼，它们与鲨鱼一样，都是软骨鱼，只是它们的软骨更扁平，每一种都是独特的存在，令人感叹造物主的神奇，且对我们的海洋栖息地至关重要，一起来探究它们的世界吧……

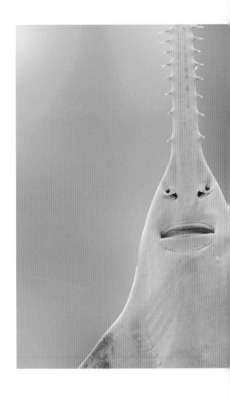

纳氏鹞鲼

浮潜和潜水探险者都很期待能遇见纳氏鹞鲼。纳氏鹞鲼区别于其他鳐鱼的最显著特点，即在菱形的身体上覆盖着白色、黄色或绿色等不同颜色的斑点。它们通常生活在从墨西哥湾到大西洋东部和印度洋—太平洋海域等热带地区的温暖水域中。这些优美的生物常见于珊瑚礁与海湾周围，有时也会游进河海交汇的入海口。它们习惯于群居。

刺鳐

刺鳐通常生活在近海岸的浅滩水域，要么扭动身体，要么像拍打翅膀一般用鳍在水中游动。大部分时间，它们都把自己埋在沙子里，这样既可以躲避鲨鱼等天敌的捕食，也可以等待虾或蟹等猎物进入自己的

捕食范围内。它们的尾巴上最多有三个锐利的倒刺，虽然通常不具有攻击性，但一旦受到威胁或攻击，便能通过这些刺注射毒液来自我保护。

拍子鳐

作为欧洲最大的鳐鱼种类，拍子鳐鱼由于其数量繁多也曾被称为普通鳐鱼。但过度捕捞和兼捕导致它们现在已被国际自然保护联盟（IUCN）列为极度濒危物种。幸好现在苏格兰的阿盖尔海岸已被划为海洋保护区和"蓝色希望保护点"（Mission Blue Hope Spot）区域，成为拍子鳐的重要自然繁殖地。

巨型淡水黄貂鱼

巨型淡水黄貂鱼是世界上已知最大的淡水鱼，身形

如令人惊叹的水中飞碟，长度可达 5 米，重量可达
600 公斤，主要生活在东南亚和澳大利亚北部的水
域中。它们的倒刺是所有鳐鱼中最长的，长达 38 厘
米。它们主要栖息在淤泥河床上，因此鲜为人知，
鱼类、蛤和蟹类是它们喜爱的美食，拥有劳伦氏壶
腹这种特殊器官，能让它们感受环境中的电场。

锯鳐

锯鳐，又称为木匠鲨，因其有独特的细长鼻子，形
似长刃，边缘有坚固的牙齿，最长可达体长的三分
之一。令人难过的是，锯鳐的所有五个物种都已濒
危，其中大齿锯鳐、小齿锯鳐和绿锯鳐已被列入极
度濒危物种范围。国际自然保护联盟为此设立了全
球锯鳐保护战略，旨在拯救剩下的锯鳐。

如何区分鳐和蝠鲼？

如何区分两只不同种类的鳐科鱼类？看尾巴是最直
观的方式。蝠鲼的尾巴通常更宽、更平坦，而鳐鱼
的尾巴则更细长，呈鞭子状，有的带有外凸的骨刺。
此外，蝠鲼像哺乳动物一样直接产下小鱼，而鳐鱼
则产卵。在海滩寻宝时，不妨找找鲨鱼和鳐鱼破壳
而出后留下的类似皮革的坚硬蛋壳（俗称"美人鱼
的钱包"），并将发现记录下来。

"无法言说之词，无法控制之情，都流淌在乐声中。"

维克多·雨果

escape

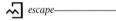 *escape*————————

欣赏古典乐并不难

古典音乐能唤起与抚慰多种多样的情绪，远不是你刻板印象中的样子。

作者：
卡罗琳·帕滕登
Caroline Pattenden

长久以来，古典音乐对许多人来说，是一种高贵的爱好。毕竟除了博古通今的人，还有谁能真正理解一首创作于 18 世纪的乐曲？正襟危坐、安静听完一场漫长的古典音乐会令人生畏，甚至会有点无聊。为什么会有人想听柴可夫斯基的《第五交响曲》？为什么有人会喜欢布鲁克纳交响曲里的第五乐章？古典乐迷的答案简单直白：因为古典音乐是一切现代音乐的基石。没有古典音乐，就没有流行音乐、摇滚乐、乡村民谣或是其他任何音乐流派的产生与发展。现代音乐中其实常常能听到古典音乐的元素，比如嘎嘎小姐（Lady Gaga）歌曲中的《查尔达什舞曲》小提琴片段和英国接招合唱团（Take That）中用小号演奏的威尔第《安魂曲》片段。

插画：金伯利·劳拉·沃克 KIMBERLEY LAURA WALKER

海纳百川的音乐性

格伦·理查森是来自英国东萨塞克斯郡布莱顿的一位职业音乐家，除了公开表演现代流行音乐和摇滚乐，他一生中的大部分时间都在学习、演奏自己热爱的古典音乐。格伦很小的时候就被电影配乐所吸引。八岁那年，《星球大战》中震撼人心的古典元素配乐打动了他的心。从那时起，他就坚定了对古典音乐的热爱并探索至今。"当我说我喜欢古典音乐时，我想表达的是，它有让我崇敬的成分，"格伦说，"你不觉得听古典音乐总有一种正念的感受吗？它需要你全神贯注，理解它的叙事性，而不像流行音乐所希望的那样被动接收就好。古典音乐想传递的信息也很丰富，可能有宗教意味，可能是革命的呼唤，不过也许永远不会让你冥想和沉思。"

音乐家、当代古典作曲家尼克·彭德尔伯里对此表示认同，并补充说，一个人的成长经历往往会影响他们如何看待和选择各种音乐流派。他表示，"我从来不认为不同音乐流派之间真的界限分明，我觉得音乐只有两类，优秀的和平庸的。许多当代的古典作曲家，不仅深受巴赫、莫扎特和贝多芬的影响，而且会引用爵士乐、印度音乐、摇滚乐和现代流行音乐的元素。我认为古典音乐具有令人难以置信的多样性"。

尝试学习了解古典音乐值得吗？只用现代音乐当精神食粮足够吗？研究表明，沉浸欣赏古典音乐有益身心健康，且比听现代音乐能带给你更多好处。

2016 年，心理学家黄平、黄汉华、罗秋岭和莫雷（均为音译）对未受过专业音乐训练的 18 名男性做了一项实验。他们给被试者播放流行音乐和古典音乐的片段，同时使用功能性磁共振成像技术扫描他们的大脑，结果发现被试者的大脑对这两类作品的反应截然不同。简而言之，听流行音乐会刺激大脑中与奖励机制相关的区域，让人感觉良好。然而当听古典音乐时，大脑的神经默认模式网络会受到刺激，产生更大的移情与智力反应。

在心理学中，这个网络与心理理论密切相关，代表一种能力，即通过分析他人的心理状态，猜测他人的想法去理解他人的能力。对于作曲家和音乐家来说，这意味着观众是从更深的层面共情与连接音乐，而非仅仅表面的感觉良好。

随心所欲地聆听

那么，如果欣赏古典音乐，让你感觉像观镜中花、水中月，只能远观而不可亵玩，无法切实融入，你该如何找到与它的连接点呢？尼克在2022 年 5 月发行的全新专辑《多元》（Multiple）中这样解答："你不习惯一些颇令你畏惧的事物，这很正常。但如果你愿意尝试，古典音乐能让你感受全面的情感体验。让你放松，舒缓身体不适，让你哭，让你笑。可你无须觉得聆听古典音乐，就必须有特别的感受。就像听现代音乐一样，你可以随心所欲地聆听，体验任何只属于你的私人感受。"

探索的开端

聆听古典乐曲的人多少会抱有一点期待，其实用正念的方式来对待，便是保持开放的心态，不拘泥于某个作曲家或演奏者，这在乐迷中也算常见。新乐队总是不断出现和消失，更迭无常。虽然很难把贝多芬理解成新的流行趋势，但聆听方法是相同的。不妨先听几遍，看看是否能产生共鸣与连接感，再进行更深入的探索。无论是把它们当作安神曲催眠，还是跑步时当背景音，还是花一个小时去了解你刚认识的一位作曲家作品，欣赏古典音乐的方式五花八门，适合你的就是值得的。

再度深入聆听

古典音乐拥有改变情绪的力量。它能让你回忆往昔美好，带来希望，帮助释放压抑的情绪，帮助你表达内心深处可能永远无法诉诸语言的渴望。多年来，也许你一直"被动"欣赏古典音乐而不自知。"我们大多数人每天都会听到古典音乐，但往往没有意识到，"尼克说，"有一次我在一所小学演讲，问学生们是否有人听过任何当代古典音乐。没人举手。然后我问他们是否有人看过《哈利·波特》系列电影，这一次，如你所料，每个人都举起了手。不过孩子们都没有意识到，电影配乐是由约翰·威廉姆斯创作的当代古典音乐。作曲家至今仍活跃在影视音乐创作领域。所以，只要你看电影、电视剧，那几乎可以肯定你听过古典音乐，并且因此而体验过不同的情感波动。"

古典音乐有益心理健康是众所周知的，尤其对患有痴呆症的群体有良好的反应刺激。英国"音乐治疗痴呆症"（Music for Dementia）项目的总监格蕾丝·梅多斯谈及古典音乐在干预痴呆症方面的功效时，这样说道："从生理上来说，古典音乐可以帮助降低心率和血压，并减缓呼吸频率，它还可以帮助控制和缓解疼痛。反过来，它可以刺激大脑产生更强的专注力并提高注意力。"

古典音乐惠及的不仅是人类，每年11月5日是英国的焰火节，全国各地烟花耀眼，古典音乐广播频道（Classic FM）则为宠物播放平静的音乐，以分散烟花噪声的刺激和影响。

古典音乐拥有强大的滋养心灵的力量，令你振奋精神，重振斗志，鼓励你坚持完成枯燥的长跑，或是在工作一天后摆脱你的疲惫。数百年来，它不断发展、模仿与自我挑战，若是错过古典音乐，就等于错过了和它一起与时俱进的机会。

最后再借尼克所言："你可以按照自己的方式去爱和欣赏任何事物。欣赏古典音乐并获得真正的乐趣，不需要你了解调性与结构，不需要分析复杂的节奏。你也不需要明白和弦搭配的原理，以及为什么它会让你产生对古典音乐心动的感觉。你只需要用开放的心态接纳它可能对你产生的任何影响，体验它可能唤起的任何感情。" ✍

古典音乐入门指南

以下是古典音乐广播频道提供的一些欣赏技巧。

1. 从单纯的弦乐乐曲开始入门。比如维瓦尔第的《四季》，春夏秋冬，界限分明，特点突出，让人能轻松接触古典音乐。

2. 寻找风格相似的曲子。如果你喜欢《四季》，可以再试试巴赫的《勃兰登堡协奏曲》或者埃尔加的《弦乐小夜曲》，进一步探索。

3. 当已经对弦乐有一定的了解后，你可以尝试增加管乐，试着听听斯美塔那的交响诗《我的祖国》和格里格的《皮尔·金特组曲》。

4. 现在你已经了解了管弦乐队，是时候听听协奏曲了。海顿的《第一大提琴协奏曲》和拉赫玛尼诺夫的《第二钢琴协奏曲》是很好的入门作品。

5. 最后，欢迎感受交响乐的力量。入门选择可以试试莫扎特的《第四十交响曲》、舒伯特的《第九交响曲》或贝多芬的《欢乐颂》。

 *escape* ————

发自内心的感恩

作者：

斯蒂芬妮·拉姆
Stephanie Lam

"知足常乐"应是自发的感受，而非负疚的自省。

插画：凯瑟琳·朗 KATHRIN LANG

140

"我感恩我所拥有的一切。"这是许多瑜伽课程或正念练习的重点概念，你可能已经无数次听到或读过这句话。在某些方面，作为从小学习"不要身在福中不知福"思想的延续，它确实可以帮我们减少无谓的抱怨。将值得感恩的事列个清单，看到自己拥有的最微小的幸运。若自己衣食无忧，便要心存感激，因为很多人远没有你这般幸运。

然而感恩心理也有两面性，承认它的阴暗面很重要。因为说出"我很感恩"可能在暗示"我不应该因他人受苦更多而受苦"。提醒自己的幸运可能可以防止抱怨，但也可能成为敲打自己的一根棍子，让自己产生负疚感。负疚感会造成伤害，也许永远不能疗愈，它不会对你的幸福感产生积极的影响，也不能帮助别人减轻痛苦。如果你每天重复十次"我很感激"，除了给自己增加"我应该"的负担外不会带来任何改变。

感恩是最高级的心灵能量，但这应该是一种真实的感觉，而非空洞的大道理或强迫命令。它令你有一种活着的喜悦感，是你全身心的真实感觉，能让你毫无顾忌地张开双臂，拥抱生活，发自内心地出声大笑。最重要的是，它不是大脑产生的理智命令，而是内心自发的感受，你无法命令自己去"感恩"。

最原始自然的感觉中，没有认知，没有待办事项清单，没有"必然"的责任义务。所以要求一个无礼的人"表达一点感激之情"是毫无意义的，因为这不是真实的感恩，只是为了取悦观众而设计的表演。只有发自内心的感恩才有意义。表达谢意很重要，但那是礼貌而非感激，两者不该被混淆。

真正的感恩并非用语言或行为表达。事实上，真正的感恩之情只有感受到它的人才会意识到。感恩不该源于认为自己不值得拥有已有的幸福的想法。

所以，如果你曾经觉得应该谨记"不能身在福中不知福"，请记住，自我价值不需要被"应该"束缚。相反，面对真实世界，敞开心扉才更有可能感受到"感恩"的感觉。如果你能感受到，是一种幸运；但如果刚好没有，起码不要勉强自己表演内心不存在的感觉。🈁

如何对真实敞开心扉

- 发誓不再表演感恩。这可能会让人觉得有些冒犯，但这才是体验真诚的、发自内心的感激之情的第一步。

- 如果你刚好感受到了生活中的小确幸，无论多微不足道，请暂停片刻。

- 敞开心扉，感受这微小的幸福带给你的美好。

- 将这份美好感受放在心间，它会把爱意传递到你的全身。

- 无视那些对你的生活发号施令的所谓"义务"的空洞道理。相反，进入自己的内心深处，寻找真实的感觉。令人喜悦的爱意是无法表演出来的，只会自然流露。

2023，送给自己一份心灵礼物

打开《呼吸》，随时进入你的正念灵感花园

一年 4 期《呼吸》× 12 次打开 / 期 = 48 次心灵飞翔

不安年代，请给自己更多松弛时间，
把朴素的日子过成良辰。

 幸福
wellbeing

 生活
living

 正念
mindfulness

 创造力
creativity

 逃离
escape

Breathe
and make time for yourself

《呼吸》全球畅销 300 万册，
中文版主编李松蔚，目前已
经出版至 09 期《小小仪式，
让平凡成为独特》。

呼吸订阅通道

（赠 Breathe 专享礼物）